陳福成著

文學叢刊

我所知道的孫大公

——黃埔二十八期孫大公研究

文史哲出版社印行

序

孫大公

我是一個平凡的人，生平除了愛國愛民的念頭，別無雄心大志。不知是不是我生下來的時候，我父親爲我取了個名字叫「大公」，所以我這一輩子的思考方式都是「天下爲公」！

我今年虛歲八十歲了，一生平淡無奇，沒有想到當年陸軍官校最兇的老師，居然不少「粉絲」（FANS），還有大作家（昔日的學生）陳福成願把我一些雞毛蒜皮的事集結成書，使我此生沒有白活，真是要謝謝作者和各位耐心的讀者了！

民國一百年元旦

西元二〇一一年　辛卯

研究旨趣、架構與緣起說明：代自序

幫別人撰述一生重要事蹟，大體上不外兩種方式，一者「流水式」，按出生、兩歲、三歲……八十歲……如生命之流水。此種方式，須耗費龐大時間、人力和資源。

第二種方式是「研究式」，一生重要事蹟細分成許多主題，每一主題成爲獨立的研究內容。此種方式在時間、人力、資源上均較節約。本書採用此種方式。

我爲甚麼要研究孫大公先生，其緣由、動機可參看「導論」一文，此處略說分四篇。

第一篇，「起程，向目標挺進。」出身背景到學生時代，「當台灣處於風雨飄遙之際的孫大公」一文，時代背景是民國六十年初，此時孫君從普度大學回國的第八年。人生旅程上可算「起程」階段，因他預官役服完再重讀陸官校，起步較晚故。本篇有四章。

第二篇，「也是戰爭，在美國對左派、台獨、倭奴和猶太人的鬥爭」。有六章，各章在時間上不連續，但可歸類在「同性質戰爭」。

第三篇，「國家發展方向到最美麗的一仗——二〇〇八法統重光」。有五章，時間也不連續，但屬思考國家發展方向，尤其思考中華民族的核心思想，以及政治、社會和文化建設的價值何在？參與「二〇〇八年法統重光」是最美麗的一仗，讓國家、政府遠離貪婪，終結台獨政權，遠離外戚宦官之禍，回到常軌運作。另在給「總統夫人美青女士」一文，附「春秋大義」等短文，乃在彰顯本書的核心思想，這種思想是中國歷史發展的重要元素，馬英九的歷史地位亦逃不出春秋大義之定奪。

第四篇，「人生有夢，但悲不見九州統」，有四章，算是給主角做一個結語。

研究型回憶錄，顧名思義是「研究」型態的一種傳記作品，寫作的人可以針對研究的對象，加以進一步詮釋、增補，但應在研究對象的思想行誼範圍內。是故，研究者（寫作的人）對所研究的主角之思想內涵，乃至其核心思想要有「神準」的體認。

本書研究的對象孫大公先生，早在四十幾年前，當時筆者仍是陸軍官校預備班十三期的學生（高中），孫大公當我們營長，在我們心中他便是一位有儒者之風的「軍人典型」，且是「忠貞典型」，又是中華民國第一位留美碩士的營長。

歲月匆匆走了四十多年，此期間我再也沒碰到過這位老長官。但他的「忠貞典型」形像始終存在我心中，從未折舊，更未失落，像深埋時間膠囊的一株小小嫩芽。直到民

國九十五年我在陸軍官校校友會訊第四十二期，寫一篇「抗戰勝利六十周年、陸官四十四期畢業三十周年慶」，可能該文提到「預備班十三期」，老長官孫大公先生竟在太平洋對岸的美國讀到拙文，他輾轉經由陸官校訊，連繫上我這位軼隱數十載又不長進的學生。

生命充滿著意外和神奇，時間膠囊中的芽竟竄出土壤，且成長、開花、結果。我寫了多篇有關老長官的文章，最後成爲這本書。而此時，我四捨五入也要六十歲，老長官也快八十了，有機會出這本書真是「奇緣」、「良緣」。

萬盛山莊陳福成　二〇一一年春於台北

我所知道的孫大公

目 錄

序……………………………………………孫大公……一
研究旨趣、架構與緣起說明：代自序……………二
照 片……………………………………………七
導論：為挽救「國魂」之沉淪找尋一位當代典範人物……二一
第一篇 起程，向目標挺進……………………三五
第一章 孫大公先生背景源流與生命歷程略述……三七
第二章 孫大公的學生時代……………………四三
第三章 回憶代表知識青年參加國民黨第八次全代會點滴……五五
第四章 當台灣處於風雨飄搖之際的孫大公……六六
第二篇 也是戰爭，在美國對左派、台獨、倭奴和猶太人的鬥爭……七一
第五章 在普度大學與台獨份子和左派學生展開政治作戰之實況……七三
第六章 在美國致力揭發南京大屠殺真相……八二

第七章　積極參與反對「日本入常」的全球活動……九六
第八章　孫大公先生退伍後在土木工程界的服務貢獻……一〇一
第九章　響應「和平統一、反對台獨」與「溯源之旅」……一一一
第十章　叱責猶太人忘恩負義……一一七
第三篇　國家發展方向和最美麗的一仗……一二五
第十一章　解甲歸田作良民：思考要三民主義？還是資本主義？……一二七
第十二章　與兩岸領導階層談「肅貪防弊」……一三五
第十三章　從「三一九弊案」到「二〇〇八法統重光」……一五二
第十四章　總結陳水扁獨派偽政權……一六六
第十五章　給總統夫人美青女士的一封信……一七一
第四篇　人生有夢，但悲不見九州統……一八七
第十六章　最後「賭」一把……一八九
第十七章　夢想著有一億元能夠……於是……二〇一
第十八章　但悲不見九州「統」……二一一
第十九章　往事只能回味……二一七
跋記：綴輯零落的回憶——緣起孫營長……二二三

孫大公之立身準則

但求無愧我心

詎能盡如人意

蔣中正　玉照

蔣經國　玉照

蔣中正頒獎章給孫大公

蔣經國在官邸慶賀孫女友梅受洗

孫大公與蔣孝文合影

國民黨元老陳立夫與孫大公合影

孫大公將國旗及中國地圖展示於普度大學

西元 1963 年孫大公獲美國普度大學土木碩士學位

西元 2001 年黃埔軍校「溯源之旅」

與全國政協副主席王兆國會談

與國台辦副主任王在希會談

與國僑辦副主任郭東坡會談

與民革中央會談

與上海市政協副主席黃躍金會談

與黃埔全國同學會理監事合影

恭謁　國父中山陵

赴「南京大屠殺紀念館」致祭

在長城上展示校旗

「溯源之旅」到達廣州黃埔原址

左圖：在蔣公銅像前照
下圖：家族合照

導論：爲挽救「國魂」之沉淪找尋一位當代典範人物

——孫大公的精忠報國歷程與反思

正當以陳水扁爲首的台灣獨派執政者，喪盡天良的把「中華民國」這塊招牌砸碎砸爛，以人民爲肥美鮮肉大口啃吞。再以「去中國化」使美麗之島「沙漠化」，導致現在島內的人，不知民族氣節是啥！不懂春秋大義爲何物！不懂仁義道德是「什麼」！

這個國家正在沉淪！墮落，爲官從軍乃至一般人，以鬥爭謀利爲正常，以作弊作假爲競爭之常態（因三一九槍擊便是這樣贏的）。傷哉！國

孫大公老師（中坐）與他教過的學生，站立者左起：張哲豪、周立勇、虞義輝、盧志德、周小強、陳家祥、陳福成（本書作者）、高立興、解定國。95 年 4 月 23 日攝於台北・天成飯店。

家不能就此沉淪下去，我欲找一位「典範」來喚醒國魂，初想到文天祥、岳飛，又想到那也許離我們太遠。應該找一位「活生生」的當代人物，正好筆者手上有「孫大公精忠報國事績」，檢驗孫大公一生行誼與思想上的堅持，正是吾人所欲探求之典範。故爲文誌之，望能喚醒我們的國魂，或爲反思之教材。

一、放棄留美，請纓就讀黃埔軍校廿八期

孫大公，浙江杭州人，民國廿一年十一月廿四日生。一九四九年山河變色之際，他正好是十七歲的少年。或許動盪的年代使人早熟吧！高中畢業的他，心中所想已和常人不同，據他後來回憶，刊在民國四十八年九月十五日的「黃埔週報」有一段話說：

我下定決心投筆從戎是五年以前的事了。

遠在八年以前，當我高中畢業的時候，我面臨了選擇投考大學科系的難題，我考慮著：「我應該學什麼，才能對國家有多一份的貢獻？」我記得　國父曾經說過建設最重要，而建設之中又以土木工程為最基本。所以考慮的結果我選擇了土木工程作為我報國的途徑。很幸運的，我順利地在台北工專畢了業，習得了一點可以為國效勞的技術，本來想在預備軍官訓練班畢業以後便加入土木界服務的，可是就在

> 預訓班受訓的期間，我開始對土木工程這一門，是否能在目前反共抗俄的時期產生最積極的作用，起了懷疑。
>
> 我想，現在我們的首務在保衛台灣，自求生存，進而收復大陸，解救被奴役的同胞。那末，土木工程還不能算是最積極的救國手段，而比此更積極的又是什麼？思之再三，祇有軍事。可是不幸得很，我一向厭惡戰爭。

對一個高中生而言，這是多麼成熟而直接的思維，又是多麼讓人敬佩的志向。果然他從台北工專畢業後，服完預官役，原已考取美國維吉尼亞軍校，還獲史丹佛大學獎學金，又全都放棄轉而申請就讀我陸軍官校。這是民國四十四年七月間國內最熱門的新聞，軍聞社也有如下報導：

> 【軍聞社高雄四日電】陸軍官校改制以後，進步的教育設施和新穎的教授方法，已引起全國有志青年普遍熱烈的嚮往。該校本年度招生委員會，連日來接獲各地區青年寄來之大量函件，申請報考，該校招生委員會業已令飭各地區招生辦事處，分別詳細答覆。據悉：申請報考之青年中，有去年自該校預訓班第二期畢業名列第二之大專畢業生孫大公。孫大公原畢業於臺北省立工業專科學校，且曾於年初考取美國維吉尼亞軍校深造，惟因嚮往陸軍官校改制以後的新穎教學法及傳統光輝的革命

歷史，較之美國西點軍校實有過之無不及，故改變其赴美意願，致函校長謝肇齊少將，申請報考該校。謝校長對於孫大公此種報國熱忱，至感欣慰，已於今日覆函表示嘉勉與歡迎之意。

前面講到這位年青人最厭惡戰爭，但爲挽回國家民族的劫運，放棄個人的高薪事業（台北工專是當時的金飯碗），投身黃埔軍校。孫大公有一段回憶談到，「我不入地獄，誰入地獄？」的觀感，幹軍人雖不是下地獄，然而他們的犧牲、無我精神是毫無差別的。他如願，成爲一個陸軍官校廿八期允文允武的軍校生。

二、江東孫權之後的廿八期孫大公同學

孫大公正式成爲黃埔廿八期的新生，他是很「特別」的學生。首先，他是大專畢業，服完預官役之後，才從陸官一年級新生開始讀起，年齡上比同學們「虛長」幾歲。其次，像他這種放著大好前途（賺大錢的機會）不要，去幹軍人實在是當時社會的唯一。那麼，他在陸官校的學生時代是否也受到特別待遇呢？民國四十六年九月十六日的黃埔週報有一篇關於他的報導，「値得敬佩的孫大公同學」：

江東孫權之後的二十八期學生孫大公，有一段頗不平凡的來歷；他曾是大專畢

業後接受過本校預備軍官訓練的正式預備軍官，并且預訓班畢業後，已有著待遇優厚的職業，可是他把它們一概輕輕地摒棄了，折回頭來投進了本校二十八期做學生，或以為這簡直是「開倒車」，其實卻大大地不然！

這位到今年十一月二十四日始滿二十五歲的優秀青年，浙江杭州產，器宇軒昂，氣度恢宏。民國四十二年，當他畢業於台北工專後，奉召參加本校預訓班第二期受訓，是時本校正進行改制，光榮的黃埔傳統，注入了新的時代精神，頗呈一片蓬勃氣象，他不禁為之暗暗稱羨。翌年預訓班畢業，應聘母校（工專）任助教兼軍訓教官；可是他已經再也無法忘記這塊座落在南台灣的革命聖地——黃埔軍校。他想：「工程」救國，終不及「從軍」報國來得積極，特別是在今天；於是他毅然放棄了他那份本極愜意的差事，上書請纓參加了本校二十八期。世間原有許多不可思議的事；然如審察其動機，依然可以評定它的價值；孫同學為了獻身神聖的革命，不計其過去學經歷，甘願從頭做起，這種精神使我們無以名之，祇有搬出「偉大」二字來形容了。

入校兩年的他，憑著過去的良好基礎，其功課自不言而喻，可貴的是他毫不以此自足，每在學業上作更深的鑽研，行更廣泛的涉獵，同時在他與同學們的相處中，

也從未顯示一點「老資格」的味道，完全打成一片，因此他的人緣極好，他認為一個人誇耀其「想當年」是最無聊不過的！他的個性應屬於較活躍的一型；課餘喜歡踢足球，週末照例參加音樂欣賞會；假期則一竿在手忘我於垂釣之中。

孫大公過了四年軍校生活，畢業時以總成績第二名，榮獲先總統　蔣公親頒績學獎章，並由陸總部保送美國裝甲兵學校接受初級班教育。

回國後，分發裝甲師擔任排長。孫大公回憶當時，很多工專同學碰到時開玩笑說，「優薪高祿的工程師不幹，卻偏要鑽進裝甲車裡受罪，簡直是瘋狂傻透。」孫同學（已是排長了）的回應不得不讓人佩服，他表示「寧棄金飯碗」也是爲國家民族長遠之計，「如在敵人砲火下，豈能安得廣廈千萬間來照顧人民大眾？唯有築起國防長城後，國民的安全和幸福，才獲得保障。」聽了這番話，你才能了解這個年青人爲甚麼當初放著工程師不幹，跑去當兵的道理。

三、中華民國第一位碩士營長到「孫老師」

民國五十年秋天，孫大公再度成爲第一屆國防公費留學生，保送美國印地安那州的普度大學研究院土木系深造。更受到當時警備總司令，曾任國防部長黃杰將軍的賞識和

嘉許，破例允作出國進修保證人。

進了普大不久，孫大公被推選爲「普大中國同學會主席」，他不但努力吸取新知，也積極投入中國同學會的服務工作，以及與當地僑胞密切聯繫，不放鬆任何機會，致力於國民外交工作。在民國五十二年五月五日的中央日報「普大零縑」報導：

> 本校研究院土木系孫大公同學素來對國民外交工作非常熱心，最近曾以國旗一面，全國及臺灣之立體地圖各一幅贈送學校，由校長代表接受。其於贈送儀式中致詞，希冀能藉此增進中、美兩國間之友誼與瞭解，同時也表示中國同學對學校的一種敬意。（耀）

從這些零星報導，得知孫大公這個人，活潑、熱情，誠實和愛國是很重要「本我」特質，且私心很低，凡事先想到國家民族。他在普大研究所，曾修「空照研判地質」，它是一門高度科學的新課程，教學生如何從一張空中攝取的地球或其他星球的地面照片上研判，就可知道其地質的組成情形。他說：人類尚未登陸月球前，美國就是先用這類方法，研判月球上的地質。目前，它已更廣泛的被採用於國防軍事、農業、工業礦產、與太空採樣等方面。

學成歸國，孫碩士即回到母校執教；由講師、連長、副教授、預備學生班教務主任，

學生營營長以迄調任土木系主任；數度當選為官校優良教師，並為長官器重，學生愛戴的典型幹部。

孫大公在民國五十七年成為我國建軍史上，第一位碩士營長，文武全才的軍人。結束營長職務後，孫大公有很長一段時間，在陸軍官校作育英才，完全地成為一位「孫老師」。當他的台北工專同學們一個個發大財、當大官，孫大公仍靜靜的，默默的當「孫老師」，他早已桃李滿天下，直到限期屆滿退伍，當一名平民百姓，仍不時提筆為文，他熱愛國家民族，堅守民族大義的堅定立場，不因年長而減弱。

四、給蔣經國伯父的一封信

孫大公對國家、社會的關心，也表現在許多方面，如改善選舉風氣，揪出貪官污吏等。一九八〇年代，薩爾瓦多內亂，孫大公還寫信給當時美國總統雷根（Ronald Reagan），談評定內亂的經驗。筆者手中各種資料有一份較特別的信，寫給時任總統的蔣經國先生，全文刊出。

伯父鈞鑒：

在我國近代史上，繼國父　孫中山先生及先總統　蔣公之後，您將會佔有非常輝煌的一頁，因為這些年來中華民國在您領導之下所發展的民主、繁榮、安定、茁壯是有目共睹舉世所欽的，也都是中華道統和三民主義的具體表現，連中共也不得不低頭認錯要向台灣學習了！

時常，您會講些意義深遠的小故事給大家聽，使社會大眾在思想上、生活上受到您的薰陶，而達到潛移默化之效，這是非常了不起的一種王道教育方法。可是，今天在報上拜讀了您昨日在中常會講的兩個故事，不由得要向您報告點我不成熟的感想，就是：

第一個故事──可能有損您偉大的形象。

第二個故事──可能助長大眾不法的思想。

謹簡略說明如下：

第一個故事裡面的「自己駕車」表示您「平易、隨和、實幹的精神」；給「外國人搭便車」表示中國人「仁愛好客的美德」。但是，收取外國人的小費，並用以理髮之舉卻不太切合您的身份，可能會破壞了您偉大的形象。

第二個故事您和伯母去戲院看電影是「與民同樂」；排隊買票是「守法」和「不享特權」。給大眾的形象是完美的領導人，都從心底裡向您發出認同感。可是，黃牛來賣票因為是熟人，就沒有檢舉，給人的印象是重「情」甚於重「法」；接受黃牛的戲票餽贈則更肯定了「不法」的可以存在。因此社會大眾在一種模仿偉人的心理推動下，就可能不知不覺做出「重人情」、「輕法律」的事了。

當然，伯父您一向是講求誠實的，所以自己就坦坦誠誠地把故事說了出來，可是有時為了達到更大的教育效果，也許稍稍調整一點情節也是良心所允許的，侄不敏，試擬故事結局數則，不知是否允當？

一、第一個故事

……外國人連聲道謝，還要給我小費。

1.我笑著向他搖搖手，告訴他「助人為快樂之本」是我們中國人做人的信條。

或2.我正要拒絕，忽然看見車前不遠處有個清道夫在掃馬路，靈機一動就拿他的錢給了清道夫，外國人先是一愣，然後頻頻豎起大姆指說：「好！好！」。

二、第二個故事

……「蔣先生，我請客！我請客！」我當場拒絕了他的好意，告訴他我還是應

排隊買票，同時勸告他不要再做這種違警亂紀的事了。

這樣的收尾雖然可增強教育大眾的效果，可是稍嫌官式化了一點，不過權衡影響的深遠，只有作此野人獻曝之舉了，尚祈見宥。 耑此 恭頌

政躬康泰！國泰民安！

愚侄 孫大公叩上

民七十四年二月十四日

以上這封信中，孫大公爲何稱蔣經國爲「伯父」，是因爲他父親和蔣經國是朋友，而他自己和蔣孝文是好友兼同學。本文想要推薦給當代人者，是一位平凡平實的孫大公，且其一生行誼亦如其「大公」之名，把自己完全奉獻給他熱愛的國家民族，正是所謂「正其誼不謀其利，明其道不計其功」也。蔣經國貴爲國家元首，但孫大公認爲蔣先生的行誼有若干不妥之處，就毅然提筆，貢獻出他認爲正確的做法。孫大公就是這樣一個人，忠誠直爽，從小到大，以一顆赤誠忠膽獻給他熱愛的國家。

五、結論——心中懸念仍是國家前途

現在的孫大公早已「退出江湖」，照理說是不顧塵世之事，安度其清靜無爲的退休

生活。但他一顆心仍掛念國事，尤其是兩岸中國人的團結，今年（九十五）初夏，他致書筆者，呼籲兩岸中國人千萬不可忘記「南京大屠殺事件」。若忘了就會再遭受另一次大屠殺（見華夏春秋第四期，二〇〇六年七月）。最近以來，他眼見整個「不法政權」的台獨僞執政團隊竟成爲「貪污腐敗集團」，駙馬趙建銘只是上層搞錢的工具。他再次來信，舒發內心感受。

福成學弟：

我當年熱血沸騰投筆從戎，為的是保國衛民，只要國家富強，人民安樂，則於願已足！

可是退伍以後進入社會，發現貪污横行，如不先清亂源，再多的軍隊也無濟於事，因此本著愛國初衷，凡遇不善之事即作反應。

前幾日清理舊資料發現有不少存底，現在我把有代表性的寄給你作為參考，若有需要也可修改充作免費「春秋」來稿，但盼先知會我一聲。順頌

宏圖大展

孫大公　二〇〇六年五月三日

總之，正當中華民國已給台灣獨派「消費、浪費」將盡之際，國魂沉淪，黨魂不振，軍魂掙扎，社會動盪。許多人活在水深火熱之中，更多的人日子過不下去，人民的「痛苦指數」不斷升高，而統治者依然傲慢腐敗，目前已面臨「天下即將結束」的命運。吾人尋覓到一位當代「典型」人物——孫大公。他一生堅持民族氣節，堅守民族大義，默默的把自己一生奉獻給國家，不求聞達於亂世，不謀私利於當局。只顧中國之和平、統一、富強和繁榮。

管子治國明訓「禮義廉恥，國之四維，四維不張，國乃滅亡」，也是中國古今治國之大道理。歐陽修釋之「禮義制人之大法，廉恥立人之大節；不廉則無所不取，不恥則無所不爲。」觀當今陳水扁那班人，盡是一批寡廉鮮恥之徒，各界痛罵「不要臉」之聲如排山倒海而來，卻依然不爲所動的賴在位子上。相對照於孫大公的清廉節操，而那些貪官和竊國者，雖位高權重，來與孫大公「提鞋」也不夠格，貪污腐敗的竊國者終被丟入「歷史的灰燼中」，堅守民族大義者必有崇高的歷史地位。

對於這樣一位不同於「岳飛型」的精忠報國典範人物，他和我們生長在同一時代，對目前爲官從軍之人，尤其當代青年，能是一位學習效法的對象，並能讓我們反思反省，如何才可正氣磅礴地屹立於天地之間，做一個堂堂正正的中國人。

註：本文曾發表於「華夏春秋」季刊，第五期，二〇〇六年十月號。後在山西省芮城「鳳梅人」報連載，自四十四期（二〇〇八年六月二十一日），到四十七期（二〇〇八年八月二十三日）。

第一篇　起程，向目標挺進

第一章 孫大公先生背景源流與生命歷程略述

孫大公先生是本書主角，也是我研究的對象。首先我從百家姓譜中，略述孫姓源流。孫姓來源在我國歷史上，有幾種不同說法。

唐「宰相世系表」：「又出羋姓，孫叔敖後，又齊陳無宇之子書，伐莒有功，景公賜姓孫，食采於樂安，子孫因亂奔吳，孫武爲吳將，其後也。」

漢「孫根碑」：「先出自殷比干。」

「漢書」：「夏侯嬰爲滕令奉軍，號滕公，其曾孫頗尚主，主隨外家姓號公主，故公子孫又爲孫氏。」

「漢書」：「荀卿避漢宣帝諱改孫氏。」

以上孫姓來源，在歷史上都曾有一說。但另據「姓纂」記載較獲學術界認同，其最早祖先是周文王。文王的第八子康叔封於衛，傳到衛武公時，武公的兒子惠孫做了衛國

上卿，惠孫這一支，就拿孫字作他們的姓。當時衛國是現在山西太原一帶。因此，現在所有孫姓的中國人，其遠祖共認是周文王。

自周朝以降，我國孫姓賢能人才，代代都有，而以兵學鼻祖孫武、國父孫中山先生最為光芒萬仗，照耀宇內。三國孫權也算一代人傑，本書主角孫大公先生，即三國吳大帝孫權之第五十六代孫。

孫大公原居浙江省富陽市，後因祖先經商遷居杭州市。祖父厚成公，英年早逝，父芹池公奮發努力，畢業於法政專校，任職黨政軍各界。母錢惠芹為蘇州名門之後，端莊賢慧，於民國廿一年十一月廿四日在北京市生下孫大公先生。

孫君始讀於南京市幼稚園，抗日軍興，內遷重慶，就讀巴蜀小學，因日寇之疲勞轟炸，避至市郊之成泉小學。後空襲日減，再回入市內之德精小學，畢業後入南開中學。未幾抗戰勝利，復員回上海，先後入聖約翰及復興中學，一年後又轉入家鄉杭州蕙蘭中學。徐蚌會戰時，南下廣州讀培正中學，未半年赤焰遍地，隨父往渝入鍾南中學，僅數月，共軍又至，乃往香港入南華書院附屬中學，最後到台灣入省立台南二中。

以上只要看孫大公先生的中學時代，就讀了八所中學，可見當時苦難的中國，個人和國家都處於顛沛流離狀態。孫君於台南二中畢業後，考入省立台北工專，成為改制專

科後第一屆畢業生，繼入預備軍官訓練班第二期受訓一年，期滿後返回台北工專任教。因報國心切，不久孫君投筆從戎，再入新制陸軍官校自一年級讀起。四年畢業後，獲少尉任官及理學士學位。因第二名績優被派至美國裝甲兵學校初級班第七期受訓，返國後數月又奉命至我國裝校初級班第二十六期受訓。

民國五十年，被國防部保送至美國印第安納州普度大學研究院進修，專攻土木，獲土木碩士學位。

孫大公先生於民國五十二年十一月十二日娶夏威夷大學教育碩士、輔仁大學教授孫毓軒爲妻，生三男（立群、立華、立章），已有二孫（志豪、志翔）（至二〇一〇年七月止）。

縱觀孫大公先生自陸軍官校二十八期畢業，所歷任的軍職主要有：裝甲第一師排長、陸軍官校學生連連長及營長、陸軍官校預備班教務主任、陸軍官校土木系主任。之後便退伍，反而在民間建築公司有更大的發揮，但相信這不是孫君之初衷，否則他何苦預官當完，重考陸官且自一年級讀起，因爲他早已立志一生要從軍報國。「孫大公事蹟」在當年，可是國內「轟動武林、驚動萬教」的大新聞。

在一份孫先生給我的筆記資料中，他對自己的個性用十六字總結：「生性耿直、富

正義感、嫉惡如仇、不善鑽營」。我反覆思量這十六個字，心中慨嘆「完了！用這十六字在官場上，怎混的下去？」難怪他當完陸軍官校土木系主任後，便退伍了。但「真相」是否止於此？容我打住暫停，看本書最後一篇再做分解。

幸好，軍職並非孫君人生的全部，而是一小部份。另外他以一個中國人，炎黃子孫的身份，做了很多輝煌的工作，我深深感覺到，孫大公先生為我們中華民族多添一抹光彩！

真的，國軍沒有重用孫君，他依然在日記中寫著：「願貢獻畢生之力報效國家，只要有益於國家民族之事，雖死不辭。」我確實有些不平，據我所知，國家並沒有給他甚麼？而他竟可以把生命交給國家。他不斷在人生舞台上創造附加價值，留學普度大學對左派和台獨進行鬥爭，退出聯合國時他如何的奔走呼籲！解甲歸田作良民他致函當局提出「要三民主義還是資本主義？」。

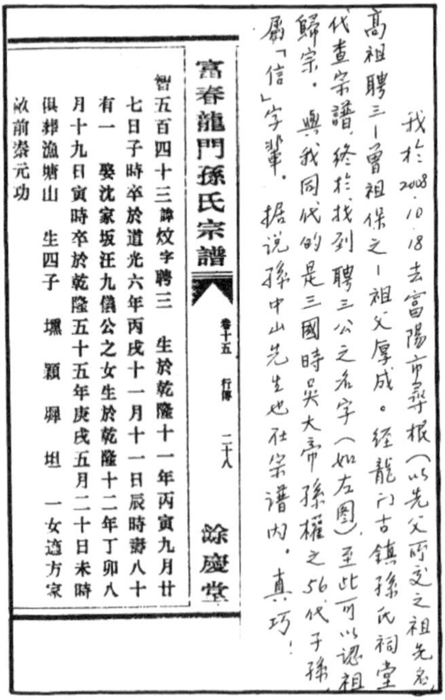
我於2008.10.18去富陽市尋根（以先父所定之祖先名高祖聘三—曾祖保之—祖父厚成。經龍門古鎮孫氏祠堂代查宗譜，終於找到聘三公之名字（如左圖），至此可以認祖歸宗。與我同代的是三國時吳大帝孫權之56代子孫，屬「信」字輩。據說孫中山先生也在宗譜內。真巧！

富春龍門孫氏宗譜 卷十五 行傳 二十八 敍慶堂

智五百四十三諱炆字聘三 生於乾隆十一年丙寅九月廿七日子時卒於道光六年丙戌十一月十一日辰時壽八十有一 娶沈家坂汪九儀公之女生於乾隆十二年丁卯八月十九日寅時卒於乾隆五十五年庚戌五月二十日未時俱葬漁塘山 生四子 壎 穎 舜 坦 一女適方家

敘前黍元功

當倭國興起「入常」運動，他在美國參與、策動許多組織，進行「反對日本入常」活動，得到空前勝利。他也在國際社會到處用各種途徑下工夫，揭發日本侵略中國及南京大屠殺真相；他也不斷寫信給海峽兩岸領導人，談肅貪防弊的問題；他最美麗的一場戰役，我認爲是二〇〇八年爲馬蕭抬轎，終結台獨八年貪污腐敗的「陳水扁僞政權」，國民黨得以重新執政，其最大的歷史意義是中華民國得以「法統重光」。

總之，孫大公先生目前雖已是一介銀髮長者，但白髮下的腦袋，竟裝的仍是中國在廿一世紀如何盡早完成統一！如何能把崛起的中國建設引導成繁榮富強的中國！如何才能使中國社會不要淪入資本主義的腐敗社會！如何使廿一世紀成爲中國人的世紀！他滿腦子強國富民思想。然而，就是這些思想、信念，才是最感動人的地方，才是一種「珍寶」。

讓我想起一個有道高僧的故事，他爲啓蒙他的三個徒兒，於是問說：「世間最珍貴的是甚麼？」

片刻，三個徒兒分別回答。小徒兒先說：「據說西方有顆夜明珠，是世間最珍貴的寶物。」

二徒兒也說：「佛陀的舍利子最珍貴。」

大徒兒最後說：「真理最珍貴。」思索著又補說：「佛法即真理，為世間最珍貴。」

當然是大徒兒得到最多掌聲，也最得師父的贊美啦！像這樣的啓蒙式對話，也讓大家回憶起以前讀「論語」，孔子和弟子的類似對話，都提示眾人，世間的「道」才是珍寶。我研究孫大公思想，研究他的一生，他堅守著國家民族的「道」，這個「道」是中華民族，是中華文化，是中國的富強康樂，只有這才是恆久的，才是最最值得追求的信念。至於個人的一切，是次要的。

年近八十了，他關心起自己的一件事，「根在那裡？」他去找根，把「根」找出來（如附印），原來是三國吳大帝孫權之五十六代子孫。至此可以認祖歸宗，而孫中山先生竟也在他們宗譜內，「這下可好」，或許這是我未來新的研究主題了。

第二章　孫大公的學生時代

有關我黃埔老大哥、陸軍官校二十八期孫大公學長的事蹟，我在民國九十五年間，時正當陳水扁僞政權即將拖垮中華民國，使全台沉淪之際，我欲找一位具有春秋典範的「現代人物」，給當時的青年（尤其軍人）警示，期能喚醒國魂和軍魂。

我找到的，正是這位我黃埔二十八期的老大哥。當時我寫了一篇文章，題名「爲挽救國魂之沉淪找尋一位當代典範人物：孫大公的精忠報國歷程與反思」，約一萬字。該文發表在「華夏春秋」雜誌（台北，華夏春秋雜誌社，第五期，二〇〇六年十月號）。後又將該文收在余所著「春秋正義」一書（台北，文史哲出版社，文學叢刊，民九十六年十二月初版）。亦期待能廣爲流傳，啓蒙孤島上這群思想饑餓、人心沉淪的子民。

是後的幾年，我忙於其他著作，但一顆心仍掛在這位老長官身上，因爲孫大公學長也是我在民國五十七年進陸官預備班十三期的老營長。我不時想著能在這位大學長身上

再「挖出一些東西」，以他一生特別而豐富的事蹟，深值筆之於書，而前面那篇一萬多字的文章，只不過是一個簡介。

感謝佛陀給我好因緣，我得到老長官的信賴，給我更多的「水、水泥和沙」，我「攪拌」出多篇文章，本文專述孫大公的學生時代。

孫大公於民國四十二年從當時的台北工專畢業，服完預備軍官役後，於四十四年九月八日正式為為陸軍官校二十八期入伍生的一員。由於他的優秀、忠貞，及其具有當代青年投筆從戎的代表性，他得到中國國民黨特種黨部所頒，第八次全國代表大會代表證書。對一個大二學生而言，這是一項殊榮，同時得到蔣經國先生手書「堅百忍以圖成」教言，對青年學子更是一個無上之鼓舞。

民國四十六年，孫學長二十六歲吧！如此年青而獨得眾多學子不可得之殊榮，會不會「忘了我是誰呢？」得意忘形，或變得驕傲不可一世呢？這對一個人而言，已是五十三年前的「古代史」了，如何去

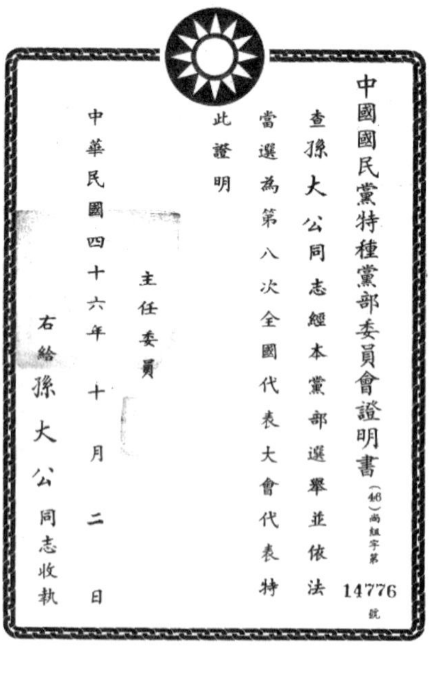

中國國民黨特種黨部委員會證明書　(46)尚組字第14776號

查孫大公同志經本黨部選舉並依法當選為第八次全國代表大會代表特此證明

主任委員

中華民國四十六年十月二日

右給孫大公同志收執

「查證」呢？想必也無從查起。我個人雖也軍人出身，但半生治史及學術研究，尤其在人物誌的寫作上，應嚴守「一分證據說一分話、沒有證據不說話」之原則。就算是身爲一個「作家」或「詩人」的我，亦銘記真誠是作家創作作品最重要的特質之「行話」。

是故，我不言孫學長以一個學生身份，竟能「集三千寵愛在一身」，能不驕傲乎？能不「眼睛長在頭頂上」乎？

但我卻能論證這位大學長從此更努力、更謙虛的學習。因爲就在民國四十八年，他以第二名畢業的優異成績，榮獲保送美國裝甲兵學校初級班受訓，同獲保送尚有羅文山（後曾任聯勤副總司令）同學。當時任裝甲兵司令的蔣緯國將軍特給二人寫一賀函，「悉君等以學行優異、榮獲保送美國裝校。並期待來日學成歸國，我裝甲兵陣營又將增添生力軍，殊可先爲慶幸等等。」

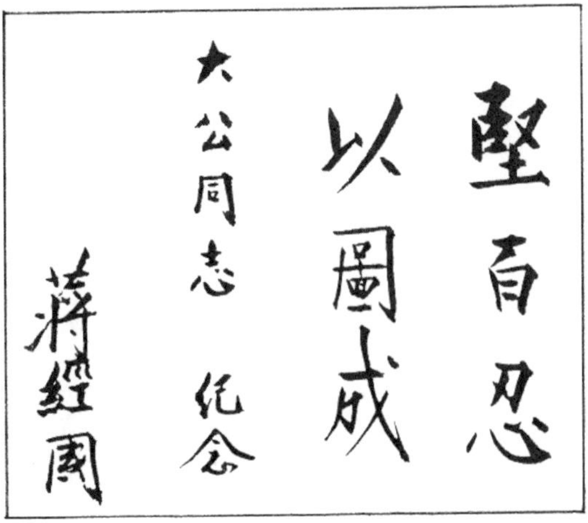

筆者也曾從陸官預備班十三期、正四十四期，學生時代一路走來，我很能理解那種

「感覺」，我期全期有六百餘位同學，多的是出類拔粹者。其中，深諳爲將之道者，如路復國、許立孟、虞義輝、李立中、劉北辰等；有外交政治上之奇才，如朱湯榮、周志聖；有目前仍是學術界之泰斗，如張克章、虞義輝博士。另有書法家李金山、舞林界教授張哲豪（原名張國英）、英語補習界之大山頭劉建民。更有古今難有的「儒將」，博士將軍雙料的虞義輝同學，惟筆者，文藝界朋友給以「作家、詩人」的安慰獎。

我在學生時代屬於不活躍又不夠聰明的人，所謂的前幾名或保送美國之事，絕不可能掉在我身上，只是偶爾愛寫一些東西在校刊上發表，以證明自己的存在與價值。而我前面舉的那些同學，有多位在學生時代和孫大公學長一樣，就已是一顆閃亮的星星，集眾人羨慕眼光於一身，只

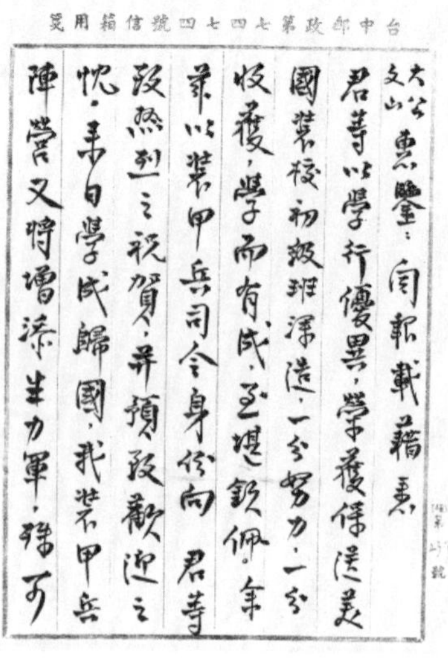
台中郵政第四七四號信箱用箋

大公文山惠鑒：頃報載藉悉
君等以學行優異，學獲保送美
國裝校初級班深造，一分努力，一分
收穫，學而有成，至堪欽佩。年
來以裝甲兵司令身份向　君等
致熱烈之祝賀，并預致歡迎之
忱。[illegible]自學成歸國，我裝甲兵
陣營又將增添生力軍，殊可

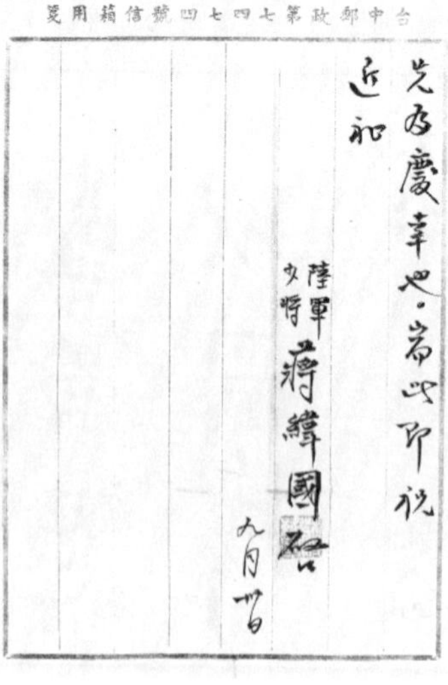
台中郵政第四七四號信箱用箋

先為慶幸也。尚此即祝
近祺
陸軍少將　蔣緯國　啟
九月廿日

恨自己爲甚麼不也是一顆更閃亮的星星。

所以，我說我很能感受那種「感覺」。明星的生活當然和「普通人」不一樣，這位「集三千寵愛在一身」的孫大公學長，他的學生時代生活點滴又如何？我在追蹤研究中，挖出他學生時代幾篇日記，就由當事人自己說話好了。

戰鬥——記學生營野營四日

第四連　孫大公

暑期訓練已近尾聲，為了把九週來所學得的戰鬥技能，作個總複習起見，全營特在大貝湖舉行了一次野營戰鬥演習，為期四天，一方面籍此測知同學對各個兵戰鬥動作領悟的程度，另一方面又可使同學體會一下戰場的實況，實在是一舉兩得，意義深長。

全武裝邁進——雄壯！

康樂車伴送——心暢！

星期一下午一時正，全營在司令台前集合完畢，開始出發，按照一二三四連的順序，向大貝湖邁進。每個人都是全付武裝、白手套、大皮鞋，加上嘹亮的歌聲，整齊的步伐，所以在穿過鳳山鎮時，居民都露出欽羨之色，暗暗讚佩。整個行程共費一小時五十分鐘，雖然太陽熱了些，背包重了些，皮鞋硬了些，可是由於康樂車播放的音樂，和播音小姐

甜美聲調的鼓舞，同學都越走越有勁，沒有一個甘願落伍的。到達之後，立刻架設營幕，以班為單位，十個人一個蓬帳，依山傍水而築。周遭林木蓊鬱，鳥鳴清脆，靜謐佈滿四處，若不是手舞圓鍬，頭灑汗珠，倒真有出塵之感！

當大家正在摸黑晚餐的時候，突然兩顆明星，自天而降；一顆是美麗多藝的葛蘭，一顆是老練圓滑的洪波，他們二位應本校某同學之邀，特自左營趕來慰勞，因事前大家俱無所聞，給我們帶來了意外的驚喜。倉促間搭台不及，又無樂隊，只得在克難的方式下，葛蘭清唱一曲，以慰眾勞。

強行軍急如箭逝　警戒兵勇擒犯敵

晨光微喜，大貝湖尚在睡夢之中，淡淡的薄霧，籠罩著靜靜的湖面，輕輕的微風，搔弄著樹顛，像在打著叮欠，太陽半睜著一隻惺忪的睡眼，懶懶地瞧著我們行進的行列。今天我們輕武裝，換膠鞋，踏著輕快的步伐，走向十六公里外的楠梓，為要名符其實的「強」行軍，所以我們只花了三小時，就趕到了目的地。

前半段路程多屬山路，翻山越嶺，腳起塵揚，較為辛苦一點。後半段走上縱貫省道！平坦乾淨，還有閒空旁眺山色，解了不少疲勞。同學個個精神飽滿，勇往直前。最值得稱道的「是播音小姐不願坐在康樂車上獨享清福，情願走下車來，和我們一齊步行，同

學睹此，那肯示弱，因此士氣振奮，在很輕鬆愉快的情緒下抵達楠梓。

中午吃的乾糧，點飢而已，下午回程中，邊走邊演習尖兵班搜索，伏敵皆為我英勇尖兵驅逐消滅。入晚演習駐軍間警戒，整個營區都被我步哨包圍，同學雖經一日勞頓，也仍打起精神，嚴密監視，奈因初次演練，經驗不夠，被戰士化裝的假設敵滲入一人，大放鞭炮，於此危急之際，營內衛兵奮不顧身，直撲而前，經一番激烈的格鬥，頑敵終俯首就擒，全營得以保全。

攻擊者誓奪山頭　防禦者與地偕亡

第三日整日為班攻防對抗，全營分作兩組，上午第一組攻擊，第二組防，下午對調。整個正面綿亙數個山頭，因此槍聲震耳，遍山皆人。開始時，防禦的班構築工事，編成火網，攻擊的班加強偽裝，秘匿行動。每班都分配有指導官，隨時付予情況，以情況來誘導演習。當攻擊者接近陣地，雙方即將白刃戰的時候，此時因攻擊者攻擊精神旺盛，有誓奪陣地的決心；而防禦者守土信心堅定，有與地偕亡的準備，為避免假戲真做起見，所以在快要短兵相接的一霎那，雙方停止動作，由指導官來判定，誰亡誰勝，可見事前計劃之周詳，與同學演習之逼真。

晚間由高雄請來幾位歌女，和一個樂隊，唱得人昏昏欲睡，還是第四連兩位同學來

了一段相聲，倒博得滿堂喝采。

別有情趣村落戰　威風凜凜拔營回

天將破曉，同學好夢正酣，突然緊急集合號響，吹得人心弦震顫，幸虧平時訓練有素，同學皆能鎮靜著裝，及時趕赴集合場。在這次野營中，夜間緊急集合是一項重要的科目，尤其在接連三天的疲勞以後，有意試試你能否堅忍到最後五分鐘，能否把握住這決勝的因素。

夢裡——美麗的名字，破落的村莊。我們利用這個地形複雜的小村落，來演習班的村落攻防對抗。

村落戰在各種不同的戰法裡，是很辣手的一種，它對攻防雙方都有利，也可以說對雙方都有害；攻者得利用死角掩護前進，守者能利用隱蔽佈防，並可設置詭雷，挖掘陷阱，所以我們這次攻防戰中，大家把情況想得很真，演習起來，也就覺得趣味盎然了。

在這住屋零星散佈的情形下，隨處都有中伏的可能，於是攻擊的人端著槍，踮著腳，像個才出洞的老鼠，東張西望，碰上一條黃狗，也會嚇一大跳，而防禦的人卻躲在屋角，眼望著慢慢摸索前來的敵人，暗暗微笑，預備手到擒來，捉個活的，誰知正當肥肉進口的當兒，冷不防背後一聲：「不要動！」自己反被敵人活捉去了。

村子裡的雞鴨貓狗，被槍聲驚得亂飛亂跳。小孩子和大人們，都瞪著大眼，興緻勃勃地看我們演習。這村裡最引起我們兩種強烈情感的，是毛坑散出的臭味，和廚房溢出的飯香。

演習於十時完畢，我們趕回營地，自己炊餐，這一頓飯吃得又飽又香，大家還互相賣瓜——自誇。飯後全營集合，以樹為幕，以含羞草為褥，坐在那裡聽教官與教育長講評，歷兩小時完畢。

拔營後於三時出發，同學都歸心似箭，想早些回到闊別四日的母校。沿途康樂車與救護車仍然伴送，播音小姐也不時提醒我們最後五分鐘的重要。

漸漸行近鳳山，學校的軍樂隊已早在那裡相迎了，待我們一到，他們就走在前面開路，吹吹打打，好不熱鬧。我們服裝和去的時候一樣，只少了背包，同學們走得整齊精神，顯示出不屈不撓的毅力。路人都駐足而觀，擠滿了街道的兩旁，很興奮地欣賞這一支年青英發的隊伍。軍樂隊一直送我們到操場，由營長簡短訓話以後，結束了這四天戰鬥演習的野營生活。

老長官的日記喚醒所有「黃埔人」的回憶，自中山先生與老校長蔣公建立黃埔軍校以來從一期的老大哥，到廿一世紀已是第十年頭剛入伍的「入伍生」，都要經過「打野外」、「攻山頭」及各種野營等戰鬥教練歷程，甘苦滴點在心頭，黃埔同學碰面都是永恆的話題。

如我期，大致在民國六十到六十四年在校，若預備班十三期（筆者是）則前推到五十七年。那些日子，多少個黃昏，多少個夕陽，我們在「七么四高地」、「六么二高地」、「配水池」等地打野外、攻山頭，也曾行軍到大貝湖，如今回憶起來，都已是半個世紀前的歷史。當年六百餘同學畢業，如今在職只剩五人（未查），而很多人也已去了西方極樂世界。二〇一〇年六月八日，十餘先後期軍校同學，在台大水源福利會館會餐

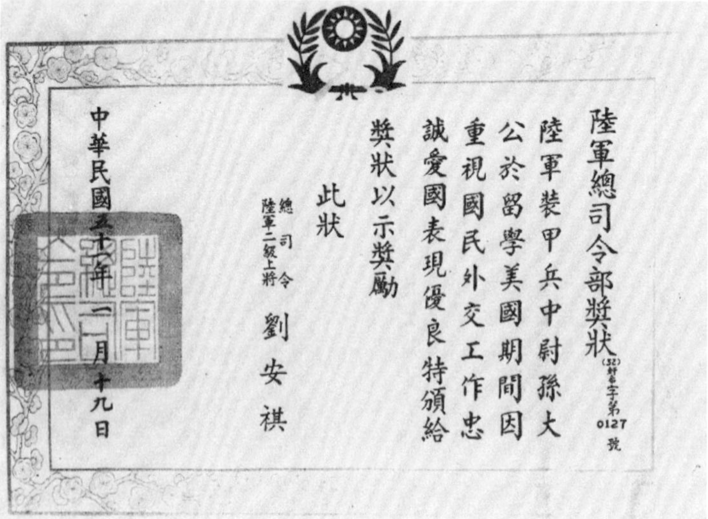
陸軍總司令部獎狀　(52)[illegible]字第0127號

陸軍裝甲兵中尉孫大公於留學美國期間因重視國民外交工作忠誠愛國表現優良特頒給獎狀以示獎勵

此狀

總司令　陸軍二級上將　劉安祺

中華民國五十二年一月十九日

（每年三次，現已第十年），據郭龍春同學說，現僅剩四個中將：空特部司令張怒潮、金防部司令張慶翔、八軍團司令嚴德發、國安局雷光陸。

幾年前鍾聖賜同學先走了，我和虞義輝、張哲豪三人到病榻前看望，鍾同學還笑說：「我先到西方極樂世界，到那邊也要考軍校，先到的當學長，你們後到當學弟，我會照顧你們後來的！」不知西方極樂世界有沒有軍校！

寫到這裡，一顆眼淚還是禁不住的，要掉下來。但，這是多麼真誠的感情，我們生爲「黃埔人」，走了也帶著「黃埔魂」。「真誠」是我一生交友的「鐵律」，寧可只交一個真誠的朋友，不交一大堆「虛僞、不誠、不尊重」的對象。

孫大公學長自陸軍官校畢業後，不久考上第一屆國防公費，到美國普度大學修習土木。因在

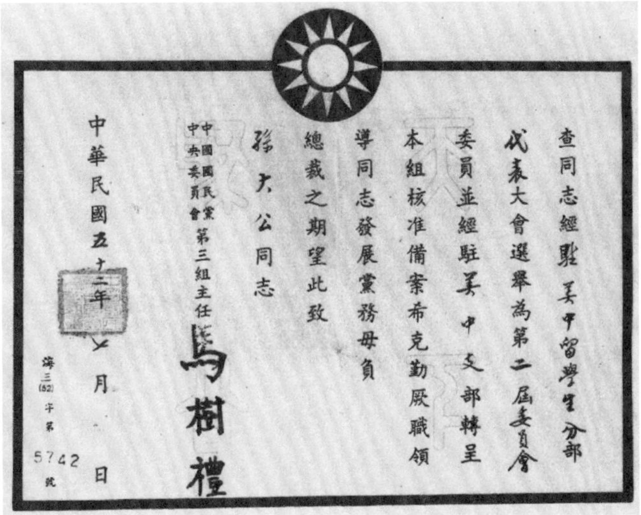
查同志經駐美中留學生分部
代表大會選舉為第二屆委員會
委員並經駐美中文部轉呈
本組核准備案希克勤厥職領
導同志發展黨務毋負
總裁之期望此致
孫大公同志
中國國民黨中央委員會第三組主任 馬樹禮
中華民國五十二年七月 日
海三(52)字第5742號

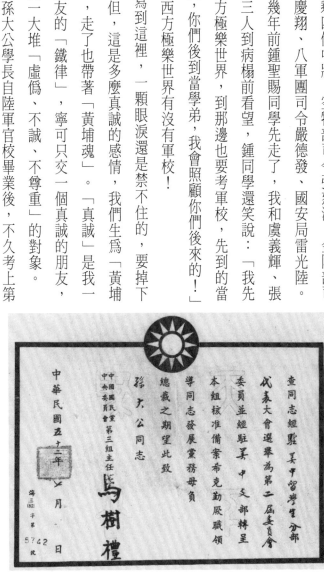

美期間他也致力於國民外交工作，又獲多項肯定及高層頒獎鼓勵。

某日，黨國元老黃杰先生，給孫學長一函，邀同余琨生、簡熊泰、崔德望、陳秉民諸位老弟，一同光臨餐敘。這幾位都是當時的青年才俊，深獲各級黨國高層器重，故有此殊榮。

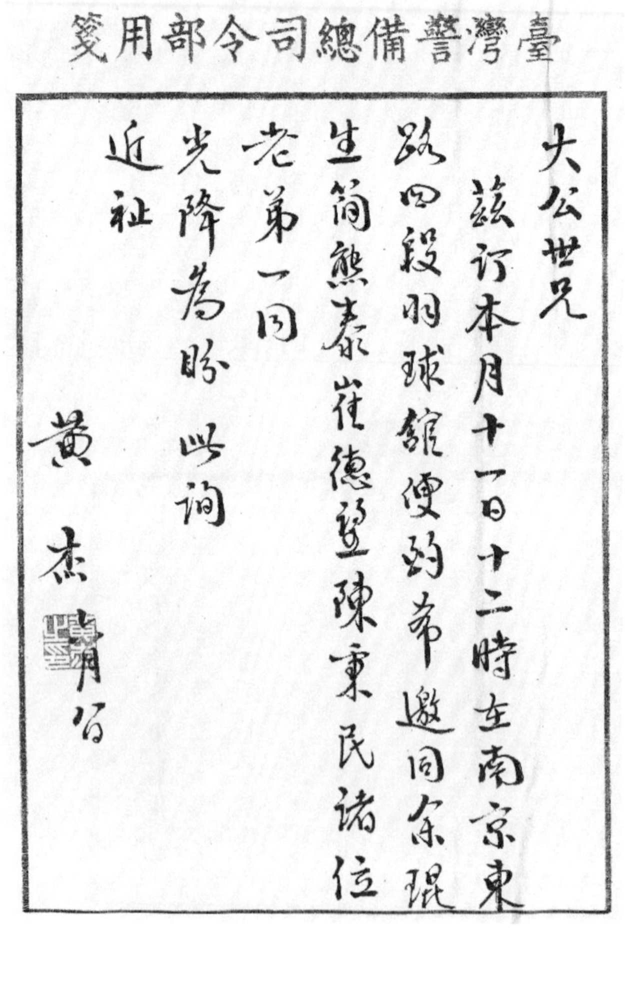
臺灣警備總司令部用箋

大公世兄

茲訂本月十一日十二時在南京東路四段羽球館便酌，希邀同余琨生、簡熊泰、崔德望、陳秉民諸位老弟一同

光降為盼。此詢

近祉

黃杰 啓

第三章 回憶代表知識青年參加國民黨第八次全代會點滴

前文提到孫大公先生代表全國知識青年，參加中國國民黨第八次全國代表大會。這是一項歷史性劃時代的大事，關係著國家民族命脈之承續存亡，而就孫大公個人言，又是何等殊榮能有此機緣，擔負起這次的神聖使命。

中國國民黨第八次全國代表大會，於民國四十六年十月十日至二十三日，假陽明山介壽堂舉行。此刻（二〇一〇年底），我研究著本書主角參與那次盛會，已是五十多年前的往事了，那是一個怎樣的時代？

韓戰（一九五〇—一九五三）才正打的火熱呢！美國已開始經援台灣，也簽訂了「中美共同防禦條約」（一九五五年）。當然，中共在大陸正掀起一波波政治運動浪潮，同

時準備攻打台灣，完成以武力統一中國的企圖。

而在中華民國方面，土地改革等經濟建設已經啓動，國民黨檢討大陸失敗原因，完成了黨的改造。民國四十一年雙十節的七全大會，是中國國民黨改造後的一個總檢討，它一方面爲二年多的改造工作完成結清，他方面爲中國未來開闢一條奮鬥的道路。

民國四十三年三月第一屆國民大會第二次會議，會中就監察院所提副總統李宗仁違法失職之彈劾案，依法決議予以罷免之處份。同年三月二十日，蔣總裁中正先生與陳誠先生，分別順利當選中華民國第二任正副總統，使我國之反共大業邁入新里程。

就在七全大會閉幕後的第五年，即民國四十六年的國慶日，中國國民黨在台北陽明山革命實踐研究院，召開第八次全國代表大會，是爲七全以來的檢討改進。可以從黨和政府兩方面說明「八全大會」的成就。在中國國民黨方面是黨章「總綱」的修改，舉其第二、三條說明：

總綱第二條修改後的新條文：「本黨爲革命民主政黨，負有完成國民革命之歷史使命，以鞏固中華民國爲三民主義之民主共和國。」

總綱第三條修改後的新條文：「本黨結合全國信仰三民主義之革命青年及愛國同胞爲黨的構成份子，反對階級鬥爭，共同爲國家民族及廣大民眾的利益而奮鬥。」

民國 39 年 7 月 27 日，中國國民黨　蔣總裁召集負責同志會議，研究黨的改造，正面由左至右依次為蔣總裁、陳誠、張道藩、張其昀、蔣經國。

中央改造委員暨各單位負責同志合影。後排右起：郭澄、袁守謙、曾虛白、連震東、崔書琴、胡健中、唐縱；二排右起：蕭自誠、周宏濤、蔣經國、陳雪屏、張其昀、谷鳳翔、萬耀煌、沈昌煥；前排右起：鄭彥棻、俞鴻鈞、谷正綱、陳誠、羅家倫、狄膺、張道藩。

七全大會主席團向　蔣總裁呈獻致敬書後合影。

八全大會會場外景－臺北陽明山介壽堂。
（民國46年10月10日至23日）

出席一屆二次國民大會部分代表。前排由左至右：莫德惠、何應欽、方天、黃季陸、張羣、黃珍吾。後排右二至左為吳忠信、王雲五、朱家驊、冷欣、陳啓天。

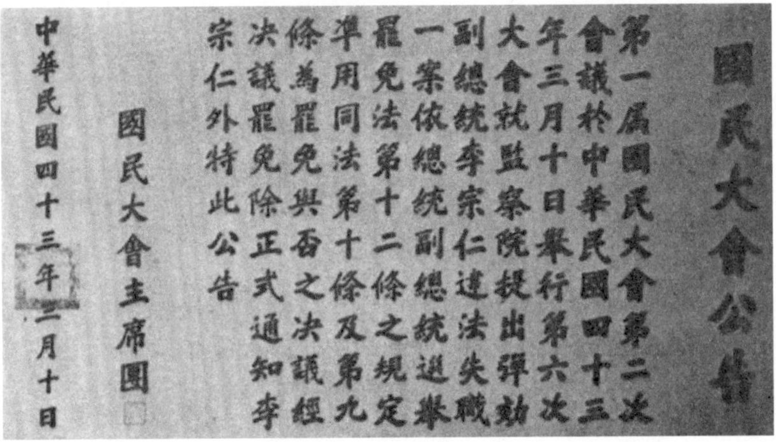

國民大會公告

第一屆國民大會第二次會議於中華民國四十三年三月十日舉行第六次大會就監察院提出彈劾副總統李宗仁違法失職一案依總統副總統選舉罷免法第十二條之規定準用同法第十條及第九條為罷免與否之決議經決議罷免除正式通知李宗仁外特此公告

國民大會主席團

中華民國四十三年三月十日

第一屆國民大會第二次會議，就監察院所提副總統李宗仁違法失職之彈劾案，依法決議予以罷免之公告。

而在政府方面，落實以黨領政之領導模式，昭示政府施政方向及國家目標，使全民有共同努力之正確道路。這是「八全大會」之大會宣言，要點有三：

第一、反共戰爭是全體國民的責任：宣言中引用　國父孫中山先生的話，「國民革命，一國之人皆負革命責任。」故此一反侵略、反集權、反奴役、爭自由、爭生存的反共抗俄戰爭，是人人的責任，也是人人的權利。

第二、六大自由的昭示：反共戰爭的目的是「期於貫徹　總裁所昭示的六大自由：

㈠恢復工人勞動、擇業的自由；

㈡農民溫飽康樂的自由；

㈢人民思想、研究的自由；

㈣人民經濟生活的自由；

㈤生命安全的自由；

㈥選擇生活方式的自由。」

第三、反共戰爭可以消弭世界大戰：大會宣言強調一個信念——深信這一革命戰爭，不至於引起世界大戰，且將消弭世界戰爭，到達世界和平的道路。

以上簡略的文字和圖片說明，大致上可以讓我們理解那個逝去的年代，到底是怎樣

的歷史背景！孫大公先生所參與的「八全大會」到底是做啥的！大會的內容和意義何在？

可以肯定的，到了民國四十六年，我國已經走過三十八、三十九兩年的風雨飄搖，四十一年順利開完黨的「七全大會」，製訂出未來國家努力方向。又經五年多實踐。四十六年的「八全大會」是一個檢討，並修正了新方向。這時先總統　蔣公以國民黨總裁之名，親自函請代表同志，召開「八全大會」，潔樽候光，孫大公把這些文件視同傳家寶般保存著，因爲這是畢生的光榮，這是個人對國家民族有了交待的「證據」。

八全大會召開關係國脈民命，蔣經國先生亦以同志之義，針對總裁提議增設副總裁一節，全體代表一致贊推辭公（陳誠）擔任副總裁，致函同志說明，以聚共識。

269

孫大公同志

蔣緘

月

十月二十三日（星期三）下午七時潔樽候

光 蔣中正謹訂

席設 臺北市中山堂光復廳

大公同志惠鑒此次本黨八全大會召開於國脈
民命存亡絕續之秋而又為貞下起元中興在望
之際集全黨之精英承 總裁之指導檢討革命
得失匡定復國大計其歷史性的意義不比尋常
尤其 總裁提議增設副總裁一節順應革命要
求宏揚奮鬥精神其對本黨發展前途關係更大
而全體代表一致贊推 辭公擔任副總裁人同
此心心同此望更為本黨革命前途光明之象徵
經國濫竽議席時聆
偉論聚雖旬日誼足千秋茲將 經國關於設立副
總裁事之發言詞抄陳
左右敬祈 參教並頌
黨祺
蔣經國敬啓 十一月五日

安東街四百巷23號

孫代表大公

陳緘

中華民國四十六年十月十六日(星期三)下午七時正
敬備便餐餐後並演出平劇恭候

台光

陳誠謹訂

座設陽明山本院介壽堂

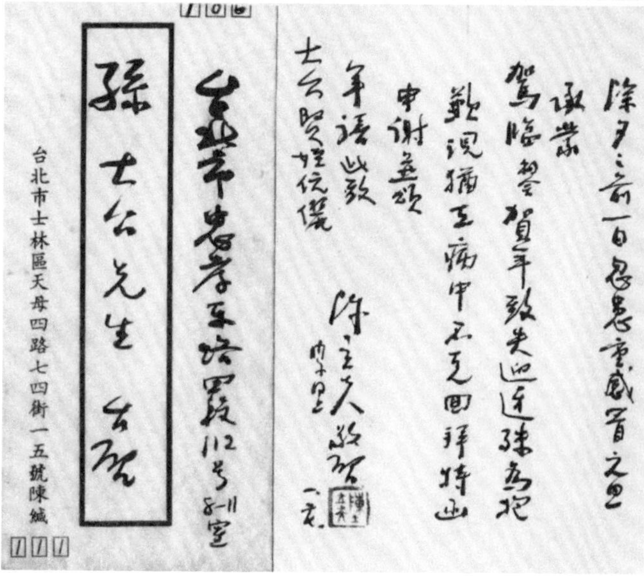

110

台北市安東街四百巷112號8-11室

孫大公先生台啟

台北市士林區天母四路七四街一五號陳緘

111

除夕之前一日忽患重感冒竟
承崇
駕臨賀年致失迎迓殊為抱
歉現猶在病中不克回拜特函
申謝並頌
年禧此致
大公賢姪伉儷
陳……敬賀

八全大會召開前後，孫大公有些時間在台北參加重要盛宴。例如陳誠先生在陽明山革命實踐研究院介壽堂宴請各代表，餐後觀賞平劇。與黨國元老陳立夫先生亦有深厚交誼，足見這位二十多歲的年青人，在黨國元老心目中，已有相當「重量」了。在八全大會後，孫大公在報上發表如下感言：

信心

孫大公

自從大陸淪陷，政府遷台以後經過了八年的發奮圖強，生聚教訓，台灣已由一隻救生筏變成了一艘不沉的母艦。在亞洲，我們是抵擋赤禍的中流砥柱；在自由集團裏，我們是指引反共的明燈。第三次大戰的危機，只要我們收復大陸就可以消弭，我們在世界上已經佔了舉足輕動的地位。

在英明偉大的總裁領導之下，我們的黨有了新的生命；我們的政府提高了行政效率；我們的軍隊成為世界上有名的鐵軍；我們的人民有了最安定的生活。由於大陸失敗的慘痛教訓，我們每一位黨員在痛定思痛之餘，莫不拿出最高的熱忱、最大的毅力，和抱著悔罪的心情，跟隨著總裁把革命事業從頭做起。

中國今天在國際上的地位，已從卅八年那種風雨飄搖的情勢，一躍而為世界上

反共的主力，最近中東和南美的國家，接二連三的來和我國訂交，互派使節。這更足以說明我們在國際間是如何地日益受人尊敬了。

第四章　當台灣處於風雨飄搖之際的孫大公

我極力回想四十年前的往事，個人的事，似已一片茫茫，想不起細節。但對於國事，卻仍清楚的很，當時我國所面臨的國際環境產生鉅變。

這種「鉅變」，現在想起來，再從大歷史觀察，事實上是很自然的事，是國際叢林的「常態」，如水往低處流那樣自然。只是人對於「變局、變化」，如人、事、時、地、物的改變，通常有恐懼感，這也是人心理的常態。改變的速度、規模越大，恐懼感越大，世上能勇於面對鉅變而無懼者不多。

當民國六十年底，聯合國通過「排我納匪」案，孫大公已卸任營長職務，接任陸軍官校土木

岳公老伯賜鑒：
侄不肖，胆敢冒昧進言，尚乞
見宥。
近聆新聞報導，驚悉聯合國排我納
匪案成立，令人不勝悲憤。雖際此國際
道義淪喪，公理湮沒之時，此事本不值過
份重視，但國運蹇危，人心不振，此則所
引以為憂者也。
自播遷台島，背水勢成，上下奮勵，
除衛台復國以外無他念。曾幾何時，

系主任，這年也正是他「四十不惑」。他果然以不惑、無懼的心情，寫一封信給當時的黨國元老張群先生（如影印本）。大意說，國際道義淪喪，公理淹沒，而國運蹇危，人心不振，此則所引以爲憂者也。曾幾何時，經濟繁榮，淹沒一切，環顧國內，奢靡是競，渾忘「宴安酖毒」「多難興邦」之義。

如今風浪更惡，不自強實無以圖存，不革新將難言復國。長者國之元勛，萬民景崇，若登高一呼，定可起敝振衰，先安內而後攘外，茲集眾議，擇急切當行，不可須臾緩者，臚列於後，敬供參考：

㈠起用新人。

㈡根絕貪污。

㈢提高行政效率。

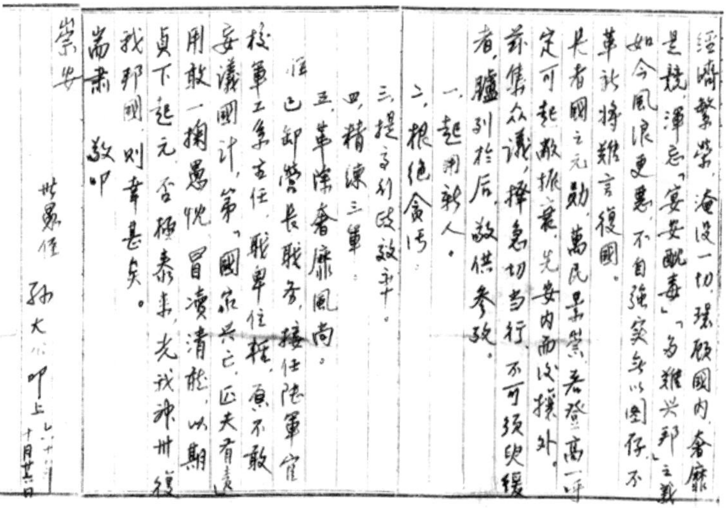
經濟繁榮，淹沒一切，環顧國內，奢靡
是競，渾忘「宴安酖毒」「多難興邦」之義，
如今風浪更惡，不自強實無以圖存，不
革新，將難言復國。
長者國之元勳，萬民景崇，若登高一呼
定可起敝振衰，先安內而後攘外。
茲集眾議，擇急切當行，不可須臾緩
者，臚列於后，敬供參考。
一、起用新人。
二、根絕貪污。
三、提高行政效率。
四、精練三軍。
五、革除奢靡風尚。
侄已卸營長職務，積任陸軍官
校軍工系主任，職卑位輕，本不敢
妄議國計，第「國家興亡，匹夫有責」
用敢一擷愚忱，冒瀆清聽，以期
貞下起元，否極泰來，光我神州，復
我邦國，則幸甚矣。
崇安
敬叩
世愚侄 孫大公 叩上
十月廿六日

(四)精練三軍。

(五)革除奢靡風尚。

孫大公以「國家興亡、匹夫有責」的熱情寫這封信，確實也寫的文情並茂，有禮有節有度。極簡單的條列出五項。是當時國家政治上極待興革的五大內容。起用新人應是直指大陸來台老一輩各級官員或老國代等，到了「新陳代謝」的時間，不「代謝」掉，將對「身體」不好，難以應付鉅變。「貪污」似乎是古今中外所有政權的問題，權力到底該不該集中？或集中到何種程度？才不會有人貪污。或者，權力集不集中，根本和貪污無關，全世界這麼多國家制度，無一可以用來解釋這個問題，看來全世界的政治學家還得努力，從「現象」中找出「理論」，以理

大公世兄左右　日前得
手書如獲瞻對藉悉
台端遴調軍校軍文系主任作育幹部人才
明恥教戰以冀報國意義尤佳當前國
步益艱逆流泛濫世局之詭変早為
總統英明睿智所預料前曾昭告國人
莊敬自強處変不驚政府現正就外交
內政經濟各方面力謀革新加強措置承
示當前急務五大端衆議僉同其中如根絕
貪污提高行政效率各機關正積極推動
之中尤以年來司法調查機關所厲行檢
肅之措施為衆所共見觀
來書字裏行間憂國之情溢於言表良
堪佩慰也尚此布復順頌
譚祺
張羣啓
中華民國六十年十一月十三日
岳軍用箋

論爲「刀」治國，看能否根絕貪污！

蔣公走後，經國先生慢慢掌握實權，進行一連串行政革新，台灣不僅度過難關，且開創新局，比美大唐「貞觀之治」，這是史家的肯定，也是春秋之筆秉筆直書，是爲後世典範。可見貪污和國家政治體制關係不大，而與政治領導風格和政治環境關係較大。社會奢靡風尚之形成，其道理似也相同，惟孫大公憂國家前途，不論何種原因形成，他都勇於提出，供治國者參用。

「精練三軍」項，乃有見於國軍部隊久不打仗，體能戰技日越荒廢，沒有戰力，空談反攻復國，這是身爲軍人的孫大公所能親身體驗者。本來軍隊乃國家之命脈，應知「爲何而戰？爲誰而戰？」，我個人以爲，在兩蔣時代，這個問題不大，甚至不存在。因爲國家目標明確，即完成中國之統一。但到老蕃顛李登輝就有很大的問題，大家不知爲何而戰？爲誰而戰？身爲國防部長的李傑，竟向貪污腐敗的陳水扁僞政權靠攏，把黃埔精神當成破鞋丟掉，怎對得起列祖列宗。又怎對得起我黃埔先期老大哥？怎對得起創建黃埔軍校的總理和老校長蔣公。黃埔建軍之宗旨，在追求中國之獨立、繁榮和統一，如今怎配合台獨份子搞起國家分裂？對不起國家民族啊！這些是後話，不過是筆者個人感慨，本文主角孫君也應有同感吧！言歸正傳。

孫大公是在民國六十年十月二十六日寫信給張群，十多天後，十一月十三日岳老回一信（如上）。大意說，國步益艱，逆流泛濫，早為蔣公英明睿智所預料，前曾昭告國人，莊敬自強，處變不驚。政府現正就外交內政經濟各方面，力謀革新，加強措置，承示當前五大急務（大公五項建議），同時亦有感於孫大公函中字裡行間，憂國之情，溢於言衷，良堪佩慰。

真的，我研究孫大公這個人，從年青時代有比常人更強烈的國家民族情操。否則，他怎會台北工專畢業，服完預官役，又重新考入陸軍官校從一年級讀起。說到這裡，我不得不想起本期林正義（今改林毅夫）同學，他是考上台大不讀（似已讀一年級，待查），去讀陸軍官校。孫、林二君在國家民族情操上頗多相同，即堅守「一個中國」立場，為中華民族盡大忠盡大孝，並以身為炎黃子孫為榮；但走不同的路，而殊途同歸。

孫君解甲歸田後，他的一顆心掛在那裡呢？告訴讀者們，依然是國家民族的前途，且讓我另章道來。

第二篇　也是戰爭，在美國對左派、台獨、倭奴和猶太人的鬥爭

第五章　在普度大學與台獨份子和左派學生展開政治作戰之實況

前文提到孫大公於民國五十年至五十二年間，就讀美國印第安納州之普度大學（purdue Uni.），課業之餘也積極展開國民外交工作，獲當時陸軍總司令劉安祺將軍及國民黨中央委員會主任馬樹禮頒獎表揚。

孫君在普度大學研究院土木系兩年，獲得土木系碩士學位後，回母校陸軍官校任教。事實上這兩年孫君除完成碩士學位外，同時也對海外台獨份子展開鬥爭，他把所有政治作戰工作製成報告，呈給當時陸軍官校校長張立夫中將。以下是孫君保留的手稿。

在美進修期間，因鑒於留學生中多有左傾及「台灣獨立」份子，不明大義，誣衊領袖，詆譭政府，故生以國民黨員身份與黃埔子弟立場，向彼等叛徒展開政治作

戰，以收攬留學生之歸心，及維護政府威信。有關諸種搏鬥經過，曾部份摘要呈報上級，並承蒙嘉許及適機之指示。（申明及詳情附件如後）

申明：

生曾畢業台灣省立台北工業專科學校及預備軍官訓練班第二期，取得預備役步兵少尉資格，又考取台灣省特種就業考試，謀生無虞，且因身為獨子，彼時父已年逾花甲，又自然獲得緩役資格，更於返回工專任教期間，請得美國丹佛及俄亥俄兩所大學之獎學金，隨時可以出國深造，但因受　總統偉大精神感召，並深感「天下興亡，匹夫有責」，故毅然決然放棄種種唾手可得之優厚機會，轉而犧牲小我，獻身黃埔，耿耿赤心，可昭月日。追維鳳山四載，益自淬發，美國兩稔，更自惕勵，身居異邦，心思故土，兩相對比，不獨冀神州之終須光復，更念河山之亟待重整，恒午夜驚起，環視身手，既可執干戈，亦可營工程，恨不能立即買棹西歸，擊楫於太平洋上。

謹此敬呈

校長　張中將

生孫大公（簽章）

附件：對留美學生之左傾份子及「台灣獨立」份子搏鬥經過

留美學生份子複雜，有左傾、右傾、中立、台灣獨立等派；有大陸淪陷前、退守台灣後去者；有公費、自費者；有土生、各海外僑居地、及國內去者；另因出生省別、出身校別、宗教信仰、私人情誼……等。不同而各成集團。總之，龐雜混亂兼而有之，而如何方能促其一心歸順政府？殆為每一愛國志士之神聖任務。

普度大學之中國同學會組織龐大，含教授與學生共兩百餘人，並有十人委員會主持會務。同學會每月除有聚餐會一次外，尚有各種活動，為普大最活躍之學生團體之一。故欲爭取學人擁護政府，及排斥左傾及台獨派之影響，必先掌握此同學會，因此生幾經努力，終於當選會長，展開會務，推行各項有利黨國工作。茲分五項詳述如後：

㈠在國防部黨部王師凱先生支援下展開搏鬥

五十一年春首次與王師凱先生取得連絡，報告一般狀況，並請惠予支援，自此以後，王師凱先生即不斷寄來物品及指示。⑴第一次寄來大小國旗數面，由於同學會聚會從來不掛國旗，避談政治，故生藉佈置會場機會，不顧任何阻撓，決將國旗懸於會場中央，以為創導，糾正風氣，雖同學頗有謬論，但生堅持到底，以後懸旗

遂視為當然。其餘數面國旗分贈各大學之中國同學會及愛國華僑。⑵其後陸續寄來中英雜誌與中央日報，皆建立閱讀網，流通傳閱。另「蘇俄在中國」英文版一本，則專借友邦人士閱讀，迄今仍留美國。⑶其間曾寄來中共暴行放大照片數十張，特情商學校，借用圖書館大櫥窗以供展覽，並在照片下註以英文說明，孰料激怒左派份子，竟予生以人身威脅。⑷王師凱先生托留美軍官帶來全國及台灣立體地圖，因鑒於普度大學居然無我國國旗及地圖，甚而外籍同學有問台灣在何處者，故將此兩圖及一面國旗先在圖書館展覽，再以同學會之名義贈送學校，由校長親自接受。

(二)發展海外黨團活動

先是普度大學兩百多中國人中，無本黨組織及活動，五十一年八月參加一年一度之「美國中西部中國學人集會」時，遇留學生黨部美中分部負責人朱振發同志，商請生籌組「普度小組」，生當即應命，於是「普度小組」遂於該年十二月正式成立，以後凡新來學生為黨員者，皆納入小組組織，且運用黨團核心力量，選出忠貞份子擔任歷屆同學會會長，如國父侄曾孫孫必成、陳立夫先生公子陳澤寵等。而吸收新黨員亦列為重要工作之一。五十二年初美中分部於芝加哥召開代表大會，生獲

選為分部委員，崔天同同志為常委，朱振發先生為九全大會代表。

㈢利用同學會活動推行海外宣導工作

民國五十一年初生爭取為同學會文康幹事，並當選普度大學國際學生委員會中國代表，五月當選同學會會長。⑴同學會歷來從不慶祝國慶，生首創先例，於十月十日夜舉行慶祝茶會，除本國人外，並邀請友邦人士參加，會中請徐賢修教授講述台灣現況，並放映其訪台時自攝之電影配合說明。唯自此以後，生被左傾份子罵為「國民黨特務」。⑵是年冬參加學校舉辦之「國際夜」，放映幻燈片，介紹中國風景文物。並參加「國際學生展覽」，經精心佈置展覽會場，使之成為參觀者最擁擠之處。⑶十月同學會宴請友邦人士，特請訪台歸來之藍斯德（Prof. Ramstad）教授講述台灣進步現象。⑷五十二年春節聘請紐約胡氏兄妹劇團演出國劇，宣揚國粹，免費參觀，轟動全城。⑸四月為響應救濟難胞，發起捐血運動，中央日報海外版五月五日曾報導此事。⑹五月協助舉辦救濟澳門難胞慈善餐會。⑺兩年內不斷向行政院海外宣傳機構——紐約中華新聞服務社借到各種宣傳影片放映，如「開國五十年」、「今日台灣」，「今日金門」、「平劇簡輯」等，並由該社供應書面宣傳資料，當場分發。

㈣其他活動

⑴民國五十一年三月投稿黃埔出版社，報告見聞，並將心得作成建議。⑵六月台海局勢緊張，生擬一旦反攻聖戰開始，即返國參戰。⑶是年冬，國際紅十字會在普度開會，會場內有中共旗出現，當即向學校提出抗議，且另以專刊報告我駐美大使館。⑷平時經常舌戰左傾歪曲言論，並以同學會名議去信左傾之紐約華僑日報，予以譴責。⑸五十二年四月我國友人周以德議員（Dr. Walter Judd）與英國國家廣播公司（BBC）新聞評論員賈克遜（Jackson）來校開辯論會，題目為「中共是否應入聯合國」？生特佈置我方人員於場內鼓掌，支持周以德先生有利我國之宏論。

㈤上級獎勵

民國五十一年榮獲陸總部頒發之獎狀，五十二年獲國防部之嘉獎函，以及王師凱先生于來示中不斷之嘉許。

以上是本書主角孫大公先生，於民國五十到五十二年間，留學普度大學時，對當時左傾與台獨份子展開政治作戰的一段經過。從這個過程，吾人看見一個對國家民族忠誠度百分之百青年學子，他「有生之年、結草圖報」的志節，讓人想到，文天祥、岳飛或

孔明，不就是如此嗎？都能面對魔鬼，而無所恐懼。

所不同者，孫大公所面對的背景環境更複雜，這是一九六〇年前後國際一段詭異、混亂而離奇的局面。我略述當時我國面臨的內外情勢，否則身處廿一世紀的人，可能很難理解孫大公所處那段廿世紀中葉，到底是怎麼了？爲何孫君須要那樣做？

海外台獨運動起源於美國，始於一九六〇年代（孫大公正好趕上），但就宏觀架構審視，又與當時國際政治、共產主義擴張、及「基督教徒與馬克思主義者對話運動」和「長老教會的解放運動」息息相關。

原來自一九六〇年國內留美學生日增，以下是兩個不同單位的統計資料。表中台灣籍學生約爲百分之五十，在抽樣調查中，台籍生回台服務者偏低，一九六〇年在美東、西及中西部，有三個台灣同鄉會「福摩沙俱樂部」成立，都有分離主義傾向；同年十二月，盧主義和陳以德在費城成立「台灣獨立聯合會」（U.F.I.），宣稱支持廖文毅的「台灣共和國臨時政府」，此後開始有各種較積極的台獨組織和活動出現。

中華民國赴美留學生統計表

年代	美國移民局 學生數	美國駐華大使館 學生數
1960	688	899
1961	739	1104
1962	882	1383
1963	1214	1896

資料來源：南方朔，帝國主義與台灣獨立運動（台北：黎明版，民70年12月），頁61、62。

在一九六〇年代，美日有一批機會主義學者、政客主張台灣應與中國分離，此對台獨運動有鼓舞作用。另外，以基督長老教會爲首的激進宗教主張推翻現政權，階段目標因與台獨同，故他們也互爲外圍。在中南美洲把這樣的神學思考，泛稱「解放神學」（Theology of Liberation）或「革命神學」（Theology of Revolution）。在美國的基督長老教會內部組織甚至設有「教會與勞工部」，等於把教會視同國家，風起雲湧的反政府、反國家運動，日以繼夜的幹著。

在一九六〇年代，兩極（共產陣營、西方民主）對決似已「誰也吃不下誰」，於是企圖「和平共存」。許多理論家提出「理論」，謂「共產主義即早期世俗基督教」、「基督教和馬克斯主義者是一家人」。大約此時，一九六一、一九六三年，梵蒂岡教皇兩次發表教論，主張地上和平，反戰、反資本主義等，開啓了「基督徒與馬克斯主義者對話運動」的高潮。

以上我所簡述，是孫君在普度大學的兩年，此期間國際關係的「頂層結構」。兩極陣營要「和平共存」，便對中華民國不利，在美國的左傾勢力高漲更是對我國的打擊。而台獨得到發展的機會也日越囂張，所以孫大公在美國要鬥爭的對象（即二個敵人）：左派和台獨。

另一個當時很弔詭的問題，是左派（指中共人員或大陸留學生）和台獨的掛鈎，中共也在「搞」台獨。這是很多人不知道的，中共當然也堅定表示中國必須統一，在那個年代「中華民國」和「國民黨」是主要敵人，台獨在中共眼中不過是「次要敵人」。於是，拉攏次要敵人打擊主要敵人，是共黨策略理論可以「合法」操作的方式，因此那時左派也會參加台獨份子舉辦的活動，如座談會、同鄉會等，他們共同的階段性敵人是終結中華民國，搞垮國民黨。一直到一九八〇年八月，許信良在美國與史明（原名施朝暉，鄧小平「二野」時期的得力部下，後爲台獨聯盟領導人。），二人共同發表「台灣社會主義革命黨，是台灣無產階級的革命黨，即是爲了實現一切生產手段統歸社會所共有，並禁止不勞而獲，以實現無剝削的理想社會政治組織。」

可以見得，含中共在內的左派，與海外台獨曾是「階段性親密戰友」，也可見當時中華民國處境多麼堅困。孫大公在美國對兩個敵人（左派、台獨）的鬥爭，即是中華民國奮鬥之一環，無數忠貞之士奮鬥使我們「存活至今」。

第六章　在美國致力揭發南京大屠殺眞相

二〇〇九年十二月十三日，是中國南京大屠殺七十二周年紀念日。全世界都在悼念這個慘案，五千名各國人士，包含星雲大師、加拿大抗日戰爭史維護會會長列國遠、美國三藩市浩劫紀念館館長熊瑋、倭國中日友好協會幹事長白西紳一郎、東南大學建築所所長齊康等，齊聚在南京，召開「二〇〇九年南京大屠殺史學術年會」，「侵華日軍南京大屠殺遇難同胞紀念館」館長朱成山，頒發獎章給上述五人，感謝他們對真相揭發、研究與建館的支持。

同個時間，台灣沒有任何動作儀式，好像事不關己，台灣真的快完了，把這樣的「詮釋權」也放棄了。幸好，

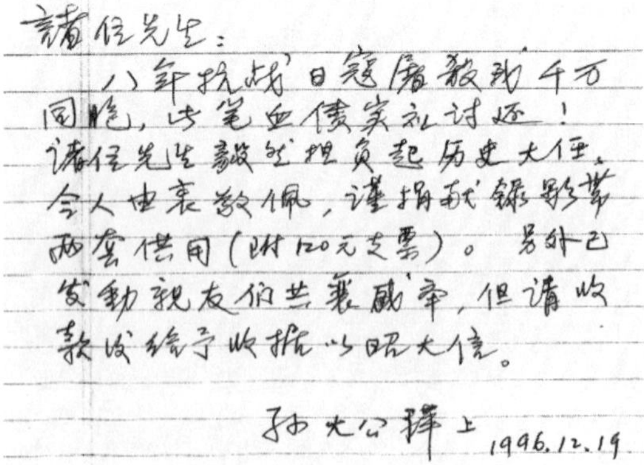
諸位先生：
八年抗战日寇屠杀我千万同胞，此笔血债实该讨还！诸位先生毅然担负起历史大任，令人由衷敬佩，谨捐献録影带两套借用（附120元支票）。另外已发动亲友们共襄盛举，但请收款后给予收据以昭大信。
孙大公 拜上　1996.12.19

還有很多中國人關注這件事，孫大公很早就以自己個人的力量，在美國致力揭發大屠殺真相（如一九九六年這封信）。他不斷寫信給識與不識，或媒體、機構等。

二〇〇一年七月，他在美國組團到南京參訪大屠殺紀念館，深感館藏的完整豐富，也應讓更多世人知道這個大屠殺，以認清倭寇這個有侵略性物種的真面目。後來他寫了一封信給當時的館長朱成山先生，朱館長回函告以相關事宜（如函件）。

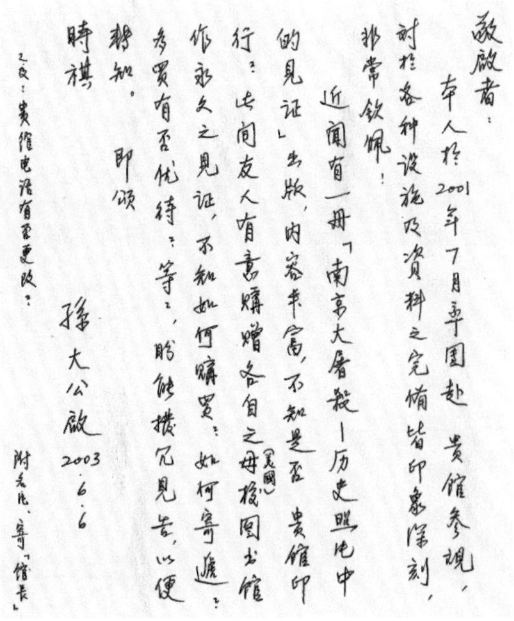
敬啟者：

本人於2001年7月率團赴 貴館參觀，對於各种設施及資料之完備皆印象深刻，非常欽佩！

近聞有一冊「南京大屠殺—历史照片中的見証」出版，內容丰富，不知是否 貴館印行？此間友人有意購贈各自之母校圖書館（美國）作永久之見証，不知如何購買？如何寄遞？多買有否優待？等等，盼能撥冗見告，以便耕知。

即頌

時祺

孫大公啟

2003.6.6

附名片、寄「館長」

又及：貴館电话有否更改？

到二〇〇四年六月，孫君又給當時館長一封信，有重要的一段話：

> 如今能知抗日時日軍殘殺數千萬同胞之國人已然不多，若再不利用簡易流傳之網站使後代皆知，則日本軍國主義再起，受害者必然又是我國……

朱館長回函，告以在二〇〇一年已建立網站。孫大公這個人便是這樣，他一心總牽掛著國家民族的興衰，牽掛著炎黃子民後世子孫不要再遭受類似南京大屠殺這種災難。

孙先生大鉴：

来信收悉，感谢先生对敝馆的信任。先生查询的《南京大屠杀——历史照片中的见证》（*The Rape of Nanking : An undeniable history in Photographs.*）一书，不是敝馆印刷出版的，该书由美国芝加哥的 Innovative Publishing Group 出版社 1995 年出版，编辑者是旅美华人史詠、尹集钧。前几年，国内出版社曾经翻印了这本书，编辑者增加了部分内容（附件中增加了明妮•魏特琳等美国传教士的日记、信函）。该书是首部以中英文对照形式出版的南京大屠杀大型图片资料集，资料翔实，值得向海外学人推介。有关情况，先生可向美国的出版社查询。

敝馆的电话号码是：025—6612230。

敬颂

侵华日军南京大屠杀遇难同胞纪念馆

大安！

馆长　朱成山

2003 年 6 月 17 日

館長：　您好！　（Fax 011 8625 8650 1033）

七七事變倭寇侵華之日又到，我在 2001 年来国参观"南京大屠殺"後，对於　貴館保存史实之翔实非常赞佩，可是不知　貴館是否有网站可供自由浏覽？是否除"南京大屠殺"之外还有其他發生在全國各地之日軍暴行登載？

歲月匆匆，如今能知抗日時日軍残殺數千万同胞之國人已然不多，若再不利用簡易流傳之网站使後代皆知，則日本軍國主义再起，受害者必然又是我國，所以祇有似　貴館有充分之人力、財力、物力和珍貴之资料者方克設立一永久完整之网站资料庫，也才能提醒及教育我同胞！

茲建议网站如下：

www.中國人遭受日本軍隊屠殺实錄.com（中英文）

一、南京大屠殺实况

二、在全國各地之暴行实况

＊ 請將抗日時親身經历之日軍暴行告知（須有時、地、人、事），以便登載。

地址：

Fax：

Email：

陸軍軍官學校旅美同學會
Chinese Military Academy Alumni Association

孫大公敬上

2004. 6. 30

二十八期
孫大公
David T.K. Sun
Tel: 949-559-8356
14931 Mayten Ave.
Irvine, CA 92606
U.S.A.

某日，孫君看報，世界日報有一新聞，湖南湘潭市一家娛樂中心，門外擺放一尊侵華日軍投降下跪雕像，寫著「不歡迎日本人入內」牌子（見本章末剪報），他立即修書給該市長：

此舉甚當，因為日本人始終把我國當作它的殖民地，抗日戰爭時濫殺我國同胞數千萬人，更是血海深仇。如今有骨氣之中國人站起來不歡迎日本人與狗，這種舉動是值得鼓勵效法的。

陆军军官学校旅美同学会

尊敬的　　孙大公先生：

您好！

来信收悉。感谢您对本馆事业的关注和支持，更对您拳拳的爱国热情表示敬意。

我们馆自 2001 年起就建立了自己的网站：www.njmassacre.cn，欢迎您登陆浏览以及搜索您所需的资料。

顺颂夏安！

侵华日军南京大屠杀遇难同胞纪念馆
地址：中国南京市水西门大街 418 号
电话：0086－25－86612230
传真：0086－25－86501033
Email: ohsh001@sohu.com

侵华日军南京大屠杀遇难同胞纪念馆

馆长 [signature]

2004 年 7 月 7 日

市長：　您好！

阅报载（附影本）知　贵市某娱乐中心不欢迎尋春之日本人。此举甚當，因為日本人始終把我國当作它的殖民地，抗日战争時濫殺我同胞数千万人，更是血海深仇。如今有骨氣之中國人站起来不欢迎日本人与狗，這种举動是值得鼓励效法的！

兹建议在每个耻辱纪念日（如七七、八一三、九一八）在商店外張貼大字报，以提醒及教育國人。

或更設立網站收集日軍暴行，讓年青一代（如李虞一之輩）知道日本人目前正在整軍經武，將來受害的又是我们中國人!!! 因此，在讚賞　贵市敢作敢為之餘，也代表海外國人向田兵等諸先生致敬。

孙大公 敬上

2004.7.1

孫君在該信更進而建議每個國恥紀念日，如七七、八一三、九一八，應在商店外貼大字報，以提醒及教育國人。

二〇〇四年七月十日，「抗日戰爭史實維護會」在舊金山華埠，舉辦七七事變及義賣活動，事爲世界日報記者葛康誠專文報導。孫君閱報，寫一信給該會會長源球，稱讚義舉，並述：（如函件）

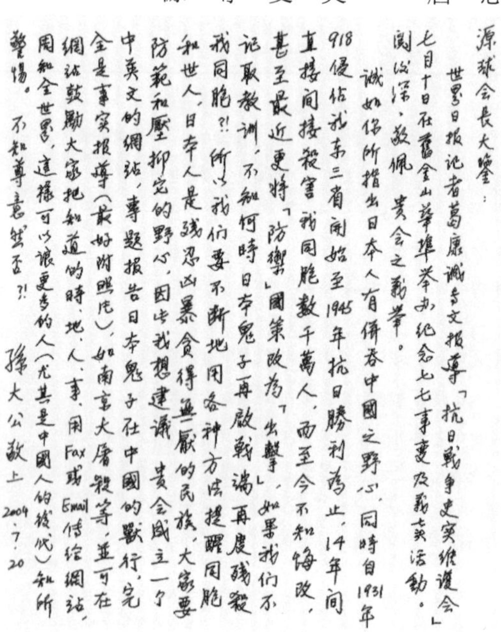

源球会長大鑒：

世界日报记者葛康诚专文报導「抗日戰爭史实維護会」七月十日在舊金山華埠举办纪念七七事变及義卖活動。閱后深感敬佩 貴会之義举。

誠如你所指出日本人有併吞中國之野心，同時自1931年918侵佔我东三省開始至1945年抗日勝利為止，14年间直接间接殺害我同胞数千萬人，而至今不知悔改，甚至最近更將「防禦」國策改為「出擊」，如果我们不記取教訓，不知何時日本鬼子再啟戰端再度殘殺我同胞?! 所以我们要不断地用各种方法提醒同胞和世人，日本人是殘忍凶暴貪得無厭的民族，大家要防範和壓抑它的野心，因此我想建議 貴会成立一个中英文的網站，專題报告日本鬼子在中國的獸行，完全是事实报導（最好附照片），如南京大屠殺等，並可在網站鼓勵大家把知道的時、地、人、事，用Fax或Email傳給網站，周知全世界，這樣可以讓更多的人（尤其是中國人的後代）知所警惕。 不知尊意然否?!

孫大公敬上
2004.7.20

日本人有併吞中國之野心……至今不知悔改，甚至最近更將「防禦」國策改為「出擊」，如果我們不記取教訓，不知何時日本鬼子再啟戰端再度殘殺我同胞……

孫大公先生在該信亦提醒世人，日本人是殘忍凶暴貪得無厭的民族，大家要防範和壓抑它的野心。此外，他在美國也致力於阻止「日本入常」，本來嘛！像倭寇這種獸性的物種都成了聯合國常任理事國，這世界還有公理嗎。

（世界日報 2005.5.21 B1版）

大成先生：

閱報知　先生与黄授良先生正在发起阻止「日本入常」，這真是十二萬分重要之事，因为日本鬼子侵略我國害死几千萬同胞，至今不知悔改，甚且變本加厲，目前又蠢蠢欲動，所以一定要設法不讓它「入常」。此事有勞史維会及二位了！（附上20元支票一帋）。

祝

抗日成功！

孫大公敬上
2005.5.22

又及：（2005.8.17）

(一)前信于5.22寄世界日報採訪组轉，不知收到否？

(二)附拙作，請指正。

(三)臧大化先生是否令手足：我已去信願做「欣欣」義工。（亦由世界日報轉）

世界日報採訪组煩轉
Chinese Daily News
1588 Corporate Center Dr.
Monterey Park, CA 91754
Tel. (323) 268-4882
編輯 (323) 265-1192
263-9860

二〇〇五年六月十四日 星期二 TUESDAY, JUNE 14, 2005　世界日報

喬瑟夫 獨力完成南京夢魘

紀錄日軍二戰暴行20年方竟全功 屠殺中國百姓 慘無人道至極

【本報記者黃美惠聖荷西報導】朗恩．喬瑟夫（Rhawn Joseph, Ph.D）單獨完成了紀錄片「南京夢魘」（Nightmare in Nanking）。這是他20年前發願、十年前立志，近半年全時間花了四百小時工作的成果。

可是你問他：「紀錄片裡讓你個人最覺恐怖的，是哪一鏡頭？」原本侃侃而談的喬瑟夫忽然墜入沉默。

「那是一個集體活埋的鏡頭，」喬瑟夫說，取得的原是一秒半的影片，他決定以慢動作呈現，「這些中國老百姓，男女老少被堆進一個大坑活埋。我現在閉上眼都記得那最後一個被推下去的男子，他的雙手被反綁著。然後，日本兵開始把土鏟下，一鏟又一鏟。」

這是南京大屠殺期間，被人以攝影機捕捉下來的鏡頭。

「南京夢魘」片長約80分鐘，影片和大約150幀圖片參雜出現。由喬瑟夫自已撰寫英文旁白、自己闡述。

喬瑟夫早年在芝加哥大學醫學院取得醫學博士學位，之後到耶魯大學醫學院實習，出版過兩本神經心理學教科書。

他和中國人素昧平生，也從來沒有聽過「抗日史實維護會」等組織，他說：「只是單純對這段歷史感到興趣，覺得該把眞相整理呈現出來。美國人、中國人都可以看看這部片子。」

決定和華文媒體聯絡，因爲覺得是時候請大家來看看「南京夢魘」的試映，第一場將於27日在密爾比達的社區中心（Community Center）舉行。

「還記得五歲時在老家，祖母念舊約聖經故事給我聽——出埃及記——我應該是那時候就喜歡上了歷史。」加州人的喬瑟夫學業順利，年輕輕就讀到芝加哥大學的博士，但他「不喜和病人爲伍」，靠著神經學、神經外科的專長，他寫書、作研究、發表論文，還曾經有十年是加州高等法院鑑識專家小組成員。

衣食無虞，他努力圓自己的歷史夢。當然，他已經發現，就像本業生物科學所告訴他的——這是個弱肉強食的殘酷世界，他說：「喜歡讀恐怖故事的人會發現，到歷史裡就找得到最恐怖的故事。」

又以南京大屠殺爲恐怖之最。20年前，他在一本書上偶然讀到南京大屠殺，心中播下了種籽。後來，只要在書上看到相關的篇章，都把它保留下來，他的願望慢慢清楚，就是要針對納粹滅絕猶太、日軍對中國施虐各拍一紀錄片。

張純如出版「南京大屠殺」後，原本也想寫書的喬瑟夫知道自己可以不必寫了，因爲張純如寫得太好了，他仔細拜讀，也去研究當年挽救很多南京百姓的金陵女大外籍教師華群女士的事蹟，並且看了其它兩三部紀錄片，「南京夢魘」構想漸漸成型。

「希特勒日記」（Hitler's Diaries）紀錄片先在去年完成，已在有線電視台、教育電視，以及一部分的公共電視網PBS播放，KPX-CBS給予「mesmerizing」（令人神馳）的評語。

「南京夢魘」花去他約2萬5000元成本。他有過寫腳本的經驗，又向來喜愛電影藝術，總覺紀錄片有其品味，像「希特勒日記」全片只有配樂和字幕，營造出獨特的沈重氛圍；「南京夢魘」不少處亦無旁白，而以字幕道出重點，「因爲閱讀比聽人講，更能深刻打動人心。」

「剪輯這部片子，我看到人世間最慘無人道的事，爲什麼造孽的日本人可以像沒事一般走開，過好日子、天年以終？」喬瑟夫說：「至少也應該叫日本政府對中國作出百億、千億美元的賠償才對！」

有一位芝加哥大學醫學博士喬瑟夫（Rhawn Joseph, Ph.D），以二十年心力，獨立完成「南京夢魘」（Nightmare in Nanking）記錄片，以下是部份片段描述：

　　這些中國老百姓，男女老少被堆進一個大坑活埋。我現在閉上眼睛都記得那最後一個被推下去的男子，他的雙手被反綁著。然後，日本兵開始把土鏟下，一鏟又一鏟……

這是喬瑟夫在一個活埋鏡頭的道白，最後他說：「剪輯這部片子，我看到人世間最慘無人道一事，爲甚麼造孽的日本人可以像沒事一般走開，過好日子、天年以終?」「至少也應該叫日本政府對中國作出百億、千億美元的賠償才對!」

　　喬瑟夫的紀錄片，經世界日報記者黃美惠小姐在聖荷西報導，孫大公閱報即以讀者身份寫信

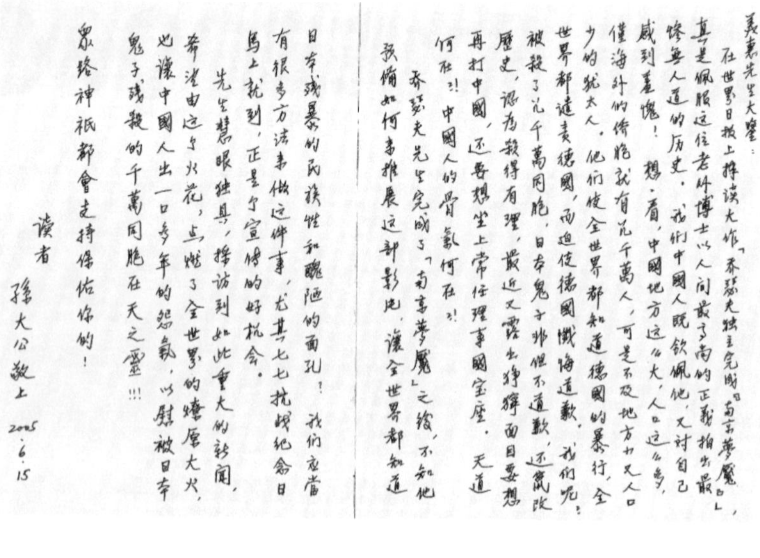
美惠先生大鑒：

在世界日報上拜讀大作「喬瑟夫独立完成『南京夢魘』」，真是佩服这位老外博士以人间最可贵的正義揭出最慘無人道的历史，我們中國人既欽佩他，又讨自己感到羞愧！ 想一想，中國地方这么大，人口这么多，僅海外的僑胞就有几千萬人，可是不及地方小又人口少的猶太人，他們使全世界都知道德國的暴行，全世界都譴責德國，而迫使德國懺悔道歉，我們呢：被殺了几千萬同胞，日本鬼子非但不道歉，还竄改歷史，認為殺得有理，最近又露出猙獰面目要想再打中國，还要想坐上常任理事國宝座。天道何在?! 中國人的骨氣何在?!

喬瑟夫先生完成了「南京夢魘」之後，不知他預備如何来推展这部影片，讓全世界都知道日本残暴的民族性和醜陋的面孔? 我們应當有很多方法来做这件事，尤其七七抗战纪念日馬上就到，正是个宣傳的好机会。

先生慧眼独具，採访到如此重大的新聞，希望由这个火花，点燃了全世界的燎原大火，也讓中國人出一口多年的怨氣，以慰被日本鬼子残殺的千萬同胞在天之靈!!!

衆路神祇都會支持保佑你的!

讀者　孫大公　敬上

2005.6.15

給她，素示敬佩喬瑟夫的正義勇氣，並提醒咱們中國人也要反省，（見孫給美惠的信）。

總之，孫大公以一個在野的小人物，不斷利用各種機會，揭發南京大屠殺真相，宣傳倭寇的侵略性，提醒世人「日本是倭寇、倭寇就是日本」。下面短文是孫大公的呼聲，炎黃子民不能忘啊！

「日本」是「倭寇」，「倭寇」就是「日本」

距今六百年前的明朝時代，日本海盜開始侵擾中國沿海的島嶼和城鎮，燒殺擄掠，強姦婦女，無所不用其極，當時我們叫他們「倭寇」。倭寇侵擾中國的情況延續甚久，直到民族英雄戚繼光出現。戚繼光訓練百姓民眾抵御外侮，終於逐退倭寇，恢復了沿海的平靜，民眾方得安居樂業。

曾幾何時，日本歷經明治維新之後，國勢漸強，狼子野心又再出現。而中國在清末腐敗軟弱，屢被列強欺侮，賠款割地以求苟安。民國建立以後則是軍閥戰亂，國弱民貧。日寇乃乘機侵略中國，這一次不似海盜式的零星出擊，而是傾注全國軍力發動一波波的侵略行動。從侵占東三省開始就意圖吞滅中國，因此不斷製造事端以激怒中國人的反抗來挑起戰爭，然後想以戰勝國的姿態奴役中國人（如同奴役台灣同胞一般）。直到爆發

了七七盧溝橋事變，全國同胞對於日寇醜陋殘暴的行徑終至忍無可忍，乃掀起同仇敵愾全面抗日的決心，打了八年的苦戰，贏得最後的勝利。

迄今不過半過世紀，新一代的日本人又起野心，蠢蠢欲動又想侵略中國。有心人士動作頻頻：諸如赴靖國神社參拜侵華戰犯、修改教科書將”侵略中國“改成”進出中國“、否認有南京大屠殺、侵占中國的釣魚台列島、認為”慰安婦“是”自願“的……等等不一而足。種種作為都在鼓動風潮，待機而動。

同胞們，向這般根深柢固而又蠻橫的海盜自稱「日本」，我們有必要跟著稱它「日本」嗎?當年他們侵華時叫我們”支那“而不稱”中國“，我們為什麼不名符其實地叫他們「倭寇」?我們有權利這麼做，我們要讓後代子孫和各國民眾都認識它的真面目，我們要呼吁政府和媒體，從此改叫「日本」為「倭寇」，因為這樣才真正符合他們的身份。

各位親愛的同胞，日後為文寫作遇到「日本」這兩個字時，就把它寫成「倭寇」。因為「日本」是「倭寇」，「倭寇」就是「日本」！

孫大公

後來孫先生也寫一封信給筆者，寄來不少資料，也叮嚀很多事，二〇〇七年他已是

七十六歲的阿公，還惦念著民族興衰，如何不叫人感動！

正當南京舉行大屠殺事件紀念會，有一倭國僧人叫大東仁的，專程到南京，向紀念館提供他所蒐集的十六件珍貴史料。在此之前，他已提供該紀念館一千餘件文物資料。

大東仁表示，自己之所以願意這麼做，是出於對自己的母國發動侵略戰爭的反省。顯見倭人仍有能反省者，但這不夠，這只是億分之一人的反省。全球中國人仍要有更大動作，才能促使倭人全面反省。

何謂「全面反省」？正式道歉、賠償，對所有死難者及中國的損失完成賠償，這些事德國已對猶太人做了。爲何倭國有能力不做？或是根本多數中國人覺得無所謂：反正已過去了。若然，則類似事件還會再發生，不知哪一天！

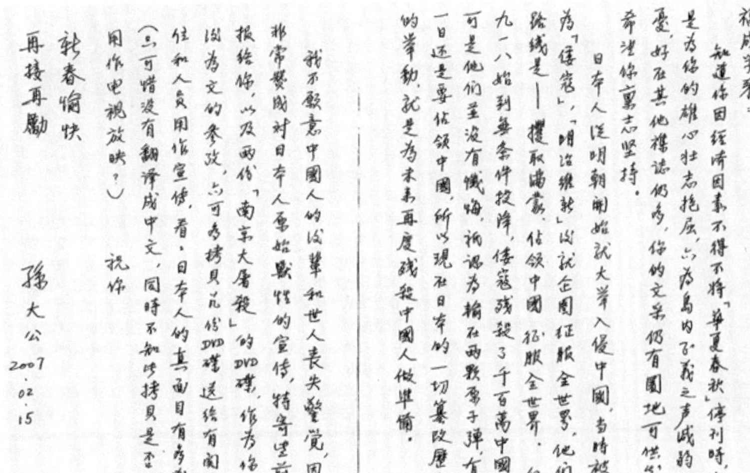
福成学弟：

知道你因經濟因素不得不將「華夏春秋」停刊時，真是為你的雄心壯志挫屈，亦為島内了義之声减弱担憂，好在其他媒誌仍多，你的文采仍有園地可供发揮，希望你稟志堅持。

日本人從明朝開始就大举入侵中國，当時被稱為「倭寇」，「明治維新」以就企圖征服全世界，他們的路线是——攫取满蒙，佔領中國，征服全世界。自九一八始到無条件投降，倭寇残殺了千百萬中國人，可是他們並沒有懺悔，祇認為輸在两顆原子彈，有朝一日还是要佔領中國，所以現在日本的一切篡改歷史的举動，就是為未來再度残殺中國人做準備。

我不願意中國人的後輩和世人喪失警覺，因此非常贊成對日本人要始默性的宣傳，特寄些剪报給你，以及兩份「南京大屠殺」的DVD碟，作為你以後為文的參考，亦可多拷貝幾份DVD碟送給有關單位和人員用作宣傳，看看日本人的真面目有多凶殘!!（亦可惜沒有翻譯成中文，同時不知此拷貝是否可用作电視放映？）

祝你

新春愉快

再接再勵

孫大公

2007.02.15

中華民國八十五年十二月十五日　星期日

納粹黨員的南京「戰爭日記」

「紀念南京大屠殺受難同胞聯合會」趕譯珍貴史料

本報記者／潘嘉珠

具有德國納粹黨員身分的德國商人約翰．雷伯（John H. D. Rabe），在一九三七年十二月南京大屠殺前後，擔任「國際委員會南京安全區」主席，他親手撰寫一份長達兩千多頁的「戰爭日記」，詳盡記載了當年日本軍人在南京進行屠城的慘案。這份從沒有曝光的日記，在戰後由雷伯親人收藏長達半世紀，為至今仍為日本人所否認存在的南京大屠殺，提供最新的證據，經過紐約「紀念南京大屠殺受難同胞聯合會」近半年鍥而不捨的努力追蒐，終於在十二月重現世人眼前。鑒於戰時日德同為「軸心國」盟國，做為納粹黨員雷伯的當時屠殺日記籤錄，更是具有高度的真實價值。聯合會在十一月初取得部份日記影印本後，初步譯出的日記資料已顯示日軍在南京的凶殘獸行，聯合會正在加緊趕譯這份雷伯的這份德文日記，期能讓世人更全面詳盡瞭解慘案真相。

由於伯雷在當時的南京安全區所擔負的特殊職責，以及他的國籍，儘管他在日記中所披露的僅以安全區中所發生的事實為重，並且要保障安全區的中立與安全性，他向佔領南京的日軍，只能進行的非常具有保留的溫和抗議（他曾在日記與向德國元首希特勒所做的報告中坦承，向日方提出函件的措詞，被委員會中的國際人士認為是摻和了「蜜糖」，有所保留），但是他在日記筆下所透露的戰爭史實，讀來依然令人心生戰慄。聯合會認為，在該會歷來所蒐集的相關南京大屠殺的史料中，這份日記頗具客觀性，而它載錄內容的真實性，也禁得起考驗。

目前主要負責翻譯「戰爭日記」的聯合會總幹事邵子平表示，雷伯的日記原件共分八卷。在經過多方追查聯繫後，由紐翰．伯雷的外孫女萊茵哈特夫人陸續自柏林寄給聯合會，再由該會專人翻譯為中、英、日文，向全世界揭露日軍在南京的暴行，供各界學者研究。

萊茵哈特夫人專程自德國飛來紐約，於十二月十二日慎重的將「戰爭日記」及伯雷的檔案記錄，贈給耶魯大學特藏室保存。她表示，祖父紐翰．伯雷當年是以相當嚴謹及審慎的態度，記錄下當年南京城所發生的事，披露中國民眾在南京所遭受到的種種災難。

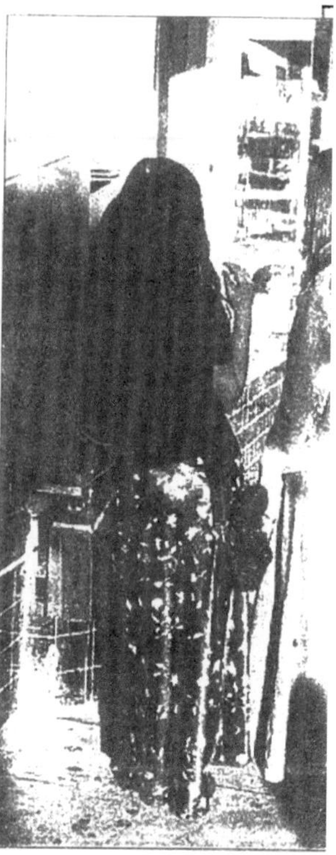

在伯雷給希特勒的報告中透露，考慮並決定寫下「戰爭日記」的時間是在一九三七年八、九月間。雷伯在當時是任職德國西門子公司駐中國總代表，他原本認為「盧溝橋事變」和過去一樣，僅是多次發生的地方性事件，可以很快的就地解決，但是「盧溝橋事變」的發展不同於以往，在南京他隱隱聞到戰火的煙硝，決定記錄下所聽所聞的身邊事，為歷史留下一份見證。

「戰爭日記」是從一九三七年（民國廿六年）九月開始撰寫，日記裡記述國際委員會南京安全區的建立經過，委員會獲得包括美國、英國及德國大使的同意設置，並知會日本大使；伯雷同意出任委員會主席，維持安全區的安全，協助並安頓中國百姓。在他厚厚翔實的日記中，一九三七年十二月十四日南京城陷當天，伯雷便有長達十頁的記載，清清楚楚的記錄下，日軍佔領南京後的種種令人訝異、驚悸的暴行。

（文轉第S4頁）

ESDAY, JANUARY 30, 2007　世界日報

十年磨一案 日軍檔案終解密

史維會努力有成 十萬多頁文件 包含二戰時日731部隊細菌戰、南京大屠殺等罪行

【本報記者李大明聖地牙哥報導】今年1月12日，由美國政府掌握的一批德國納粹及日本皇軍戰爭罪行歷史檔案正式解密，向公衆開放。這批共計十萬多頁的文件涉及日軍731部隊在中國東北準備細菌戰、1937年12月南京大屠殺慘案等種種細節，不僅極富學術研究價値，而且對肆意歪曲史實、粉飾侵略的日本右派也是當頭一棒。

從1997年起全力推動這批檔案解密的聖地牙哥「列強侵華史實維護會」（APHAFIC）對這一進展感到鼓舞，該會負責人羅黔輝、孟憲嘉等表示，此事一波三折，前後歷時十年，終告成功，說明還原抗戰史實、爲受難者討回公道需要鍥而不捨的耐心與韌性，關鍵在於加強與民意代表的互動，爭取主流社會的認同與支持。

羅黔輝在接受採訪時指出，要求美國將日軍戰時檔案解密是世界「抗日史實維護總會」（APHAFIC爲其分支組織）的統一行動，當時各地分會兵分三路，同步進行。北加州方面有丁元、李玉玲等人遊說代表加州的國會參議員范士丹，南加州由羅黔輝、孟憲嘉、梁能等人聯絡代表聖地牙哥的國會衆議員比爾伯雷（Brian Bilbray）。華府方面則由華家熙（後於2005年逝世）、張閭選等人直接向國會陳情。

於是，內容相同的參議院S1902號提案、衆議院HCR126號提案，分別由范士丹與比爾伯雷等人在兩院提出，正式要求將美國戰後取得的日本戰爭罪行檔案公諸於世。雖然兩案在國會交付表決時大致順利，先後獲得通過，並由總統簽署成爲法律，但美國政府部門對解密仍顧慮重重。加上比爾伯雷2000年爭取連任失敗，提案的落實進展緩慢，予人「石沉大海」之感。

時隔七年，由美國多個有關部門組成的資料調查工作組（Interagency Working Group，簡稱IWG）終於完成審閱與評估的程序，同意將超過十萬頁的文件解密。這些部門包括國務院、中央情報局、聯邦調查局、陸軍情報處等。解密後的文件存放於馬里蘭州大學園市（College Park, MD）的國家檔案館研究室，民衆憑身分證便可借閱。

與APHAFIC長期合作、爭取上[illegible]文件解密的美國退休教授、「死[illegible]工廠」（Factories of Death）一書[illegible]者指出，美國對公布這批歷史檔[illegible]有顧慮，是因爲美國在冷戰時期[illegible]度打算利用日本731部隊的細菌戰[illegible]究成果。臭名昭彰的731部隊負[illegible]人、「殺人醫師」石井四郎中將[illegible]以向美國占領軍供出這些成果，[illegible]取對自己從輕發落。

然而，良心與正義在這場較量[illegible]畢竟占了上風，這批塵封的檔[illegible]（包括文件、電報、照片、日記[illegible]報導、證詞、審訊紀錄等）終於[illegible]以重見天日。

身爲美國商務部統計專家的羅[illegible]輝表示，「十年成一案」實屬[illegible]易，她今年一定抽空前往國家檔[illegible]館，看一看這些史料的「廬山眞[illegible]目」。

B6　二〇〇三年三月九日 星期日　世界日報

戰爭與罪責 日軍侵華暴行實錄

李長江／安那罕

筆者曾在喜瑞都圖書館日文書架上，發現本標有 SENSO TO ZAISEKI 一書，一時好奇取下細看，原是本精裝日文書，其封面恰如英文拼音「戰爭與罪責」。翻覽目錄，全書共 17 章 359 頁，書中所載全屬日本侵華事跡，1998 年 8 月初版，2002 年再版 11 次，堪稱暢銷書，由岩波書店發行，作者野田正彰 1944 年生，是位專業醫師生兼大學教授，就讀醫學院時專攻比較文化精神科。

作者在序文中開宗明義地說，「掠奪、暴行、放火、誘拐虐殺」，是侵華日軍在中國普遍所犯慣行。此書內容真實，因作者自 1993 年初春起，走訪戰時曾在中國屢犯上述非人道滔天大罪，而如今懺悔之官兵。在訪問過程中，作者邊細聽當事人敘述、邊作筆記，然後選重點，親赴中國實地查詢對證。

數年中他曾往訪東北，原「七三一細菌部隊」舊跡、撫順礦區集體活埋中國人「萬人坑」，以及南京大屠殺紀念館與民間。所到之處，經證實多與日兵所言相符，遂將人證物據彙編成書「戰爭與罪責」。自 1997 年 2 月，連載於日本「世界周刊」，趕在 1998 年 8 月、日本戰敗 53 年週年發行單行本。

作者在書中每每用「敗戰」，非如一般日人稱「終戰」。時值極右翼竄改侵華史，方興未艾之際，該書甫問世即轟傳遐邇，惟遭右派圍剿，則不言而喻。但該書卻極廣受大眾青睞，一時成洛陽紙貴。

筆者自圖書館借閱兩週仍意猶未盡，遂往洛城小東京書店覓購，數家書店俱無斯書，幸得一店承諾可代向日本訂購，兩週後以原價之三倍購得此書，但極值得。

該書第 15 章「父の戰爭」的主角大澤雄吉，戰時為憲兵准尉。曾經淪陷區的國人同胞，每聞日本憲兵，多如談虎色變。大澤自九一八事變而「七七」，中日戰爭 14 年中，他橫行於中國達 12 年 8 個月之久。因他是憲兵，非同一般戰鬥兵種，故長期遭他殺害者都是中國平民、知識分子。

事極湊巧，筆者 40 年前自日本收藏保存一幀日本軍官砍殺一中國少年的照片，兇手正是大澤雄吉。大澤在中國與隨軍護士結婚，生兩男一女，女兒婁子 1947 年出生。有關大澤的故事，多由後任中學教師女兒婁子向作者提供。

據婁子記憶，自幼到中學畢業的十數年中，父親幾乎夜夜惡夢中驚醒全家，惡夢多與以往在中國，曾犯罪行有關。大學畢業後，她更瞭解父親對以往所犯罪行悔恨不已，故戰後返國，即成極端反戰者。大澤全面否定並憎恨昭和天皇，認為昭和主導侵華，造成無可彌補之人間悲慘歷史，更對當時竄改侵華史者，痛恨至極。

大澤雄吉於 1986 年、71 歲時因食道癌過世。於彌留之際，他勉強拔掉點滴管，從枕下摸出事先用鉛筆寫的字條，交予病榻旁女兒，自責造孽深重，愧對中國人。字條上說：「戰後迄今 40 年，日本未曾向中國道歉，我不道歉，焉能瞑目九泉？」囑女兒照此字條，刻在其墓碑上。倉橋(夫姓)婁子，因受父感召，完成了兩部以日本侵華為背景之小說，出版於父親死後七年之 1993 年。

筆者盼望，諳日文之親日、媚日派，能藉著一讀此書「戰爭與罪責」，瞭解有關軍國日本加害中國之史實。

尹家三兄弟捐名畫 爲史維會籌款

金山華埠十日辦紀念七七事變及義賣籌款活動 盼各界支持

【本報記者葛康誠舊金山報導】抗日戰爭史實維護會將於10日（星期六）上午10時，在舊金山華埠花園角廣場舉行「七七事變」紀念儀式。同時，史維會爲了籌措運作款項，亦將舉行義賣籌款活動，灣區華裔熱心人士尹集成、尹集鈞、尹集憲三兄弟，特別捐出名家鄭板橋的畫作收藏，以響應會長廖源球的號召。

廖源球6日表示，社區熱心人士的踴躍支持，目前已經起了拋磚引玉的作用，他十分感謝，也希望各方繼續踴躍響應。他指出，目前除了鄭板橋的名作外，尹家三兄弟還捐出了骨董大型瓷器花瓶以及黃山射鵰蓀山石等珍貴收藏品，各各價值不斐。

廖源球表示，日軍侵華暴行，舊日的仇恨仍然深埋在每一個有正義、有良知的中國人心中。而面對被日本軍國主義者「竄改得面目全非的歷史」時、聽到日本政府「厚顏無恥的抵賴和狡辯」時，如何能不讓中國後代子孫「發出憤怒的吼聲？」

主辦單位指出，日本軍國主義自1931年在瀋陽發動「九一八事變」開始，便有計畫地逐步實行其吞併中國的妄想，開始侵略中國東北，成立僞滿州國，並在中國各地燒殺擄掠長達六年之久。1937年7月7日，日本軍閥再度挑起「盧溝橋事變」，中國國民政府終於在全國軍民忍無可忍之下，正式宣布對日抗戰，從此全國上下一心、軍民一體，爲保衛中國領土、中華民族的存亡，奮起抵抗日軍的侵略長達八年之久，最後終於在1945年獲得勝利，大家因此都會在每年的七七前後舉辦紀念活動。

廖源球特別感謝灣區民衆過去對史維會的支持與鼓勵，由於大家的參與，可以使得中華民族浩氣長存，更鼓舞了維護抗日戰爭史實正確性的勇氣與決心，而世界各地史維會對於日本政府求償的官司也將不間斷地持續下去，而這些都需要愛國志士不斷在精神以及經濟上給予支持。

明年的8月15日就是對日抗戰勝利60周年的紀念，金山灣區將開始積極籌劃各項紀念事宜。廖源球也指出，今年的九一八紀念，中國大陸更是開放北京人民大會堂，作爲每兩年舉辦一次的九一八事件全球紀念大會場所，包括北大歷史系、國務院僑辦以及盧溝橋紀念館都會一起參與這項盛會。

「南京大屠殺」圖片展

歷史維護會發起捐書捐款活動

【本報記者王善言亞凱迪亞市報導】歷史維護會洛杉磯分會4日趁著南加州中文學校聯合會舉辦國語演講暨詩詞朗誦比賽之際，推出「南京大屠殺」圖片展，吸引老少參觀，不少小學生表示，他們不曉得日本軍閥這麼可惡。

該會會長臧大成指出，該會使命在促使相關政府單位於教科書增加日本侵略亞洲史料。支持相關研究及教育，收集並流通資料。爭取日本政府、軍方正式對受害人道歉和賠償，以期結束此懸案。當天推出該展，希望能加強華裔中小學生對這段歷史的認識。

該會財務余占正說，該會理事除華裔外，尚有白人、菲裔、日裔、韓裔等，大家都很支持該會維護史料的活動。

該會目前並發起捐書或捐款活動，希望全美各大圖書館都藏有「南京大屠殺一 歷史照片中的見證」一書。

該書精裝本每本50元，意者可洽該會，地址：Alliance to Preserve the History of WWII in Asia－Los Angeles，P. O. Box 862283，Los Angeles, CA 90086。Robert M.D. 電話：213－687－9911。

抗日戰爭結束後的感想

南加論壇

張光明／西柯汶納

自1937年中國對日抗戰至今，我們中國人尚未爲這場民族存亡絕續的八年血戰，傷亡超過3500萬人的戰爭，留下任何一部客觀、公正、完整的翔實紀錄。

67年歲月流逝，對這一場空前慘烈，歷時八年的民族戰爭，到今天在中國大陸上，至少有十億人不知道這段歷史眞相。這是中共特意扭曲、湮沒抗戰史實使然。希望中國人和世人瞭解，領導全國軍民八年抗戰勝利是中華民國、而不是中華人民共和國。在1945年日本投降、抗戰勝利時，還沒有中華人民共和國。

在八年拋頭顱灑熱血、救亡圖存的血戰中，傷亡三千餘萬軍民，他們都是中國人、是同胞，要在歷史上還給他們一個公道。

對台灣兩千多萬同胞而言，八年抗戰的事，他們僅僅知道是歷史課本上的一個空洞概念而已。目前台獨推行「去中國化」，割斷中國的歷史文化，爾後恐怕連這個歷史上的概念都沒有了。

如沒有八年浴血抗戰的勝利，就光復不了台灣，也建設不成今日的台灣，就更沒有台獨的餘地。台灣同胞應該瞭解珍惜這段歷史。

對侵略的日本而言，至今六十七年，從沒有對這場血腥侵略戰爭認錯，並且竄改歷史、扭曲眞相，矢口否認是侵略者，並仍存有對中國人藐視的霸道心態。不認錯、不賠償，我們認爲這是天下最不公道的事。日本如不撫平被害者的創傷，將 成爲民族的永久仇恨，必將無寧息之日。不公道就會失去和平。

對西方人而言，在二次世界大戰中，它們只記得「珍珠港奇襲」、「敦克爾克大撤退」、「諾曼第登陸」、「硫磺島浴血戰」。但是對於在二次世界大戰期間，人類有史以來最慘烈的廝殺戰爭中，中國人在幹了些什麼？提供了什麼？卻薔然無知。

在這場最大規模世界大戰中，如沒有中國八年的浴血抗戰，在中國戰區牽制百萬日軍，盟軍方有先行收拾德、義，然後再收拾日本的時間，方結束了大戰。世人不能漠視中國在這段歷史上卓越貢獻的眞相。

我們希望把這一經歷，能有一部完整紀述，傳閱中國人後代和世人。我們無意重揭傷疤、製造仇恨，只想把歷史還給歷史，讓眞相歸於眞相。今天還活著的中國人，有責任要爲抗戰犧牲的三千餘萬亡魂，討回公道。天地悠悠，人生幾何？中國人，你應該怎麼想，也應該怎麼做！

歡迎讀者以電子郵件投稿
南加論壇電子郵件地址：forum@cdnnews.com

二○○四年六月二十八日 星期一 MONDAY, JUNE 28, 2004 世界日報

防珠海買春事件重演 不歡迎不良日本人入內

湘潭娛樂場門口 擺日軍下跪像

【本報長沙訊】湖南湘潭市一家新開張的娛樂中心，在大門外擺放一尊侵華日軍投降下跪的雕像，兩手高舉寫有「本娛樂中心不歡迎不良日本人入內」字樣的牌子，老闆聲稱是防止珠海日本人買春事件重演。

老闆田兵對《長沙晚報》記者表示，他決策投資娛樂業時，正值去年「九一八」紀念日，適逢288名日本人在珠海鬧出買春事件，遂聯想起自己的叔公當年被日軍抓去做挑夫，不慎打爛了一口鍋，就被殺害，不禁義憤填膺。

他特地花了四千八百多元鑄造此雕像，警告不懷好意的日本人，絕不容忍類似珠海買春事件在其娛樂中心發生，同時讓人記住日本侵華罪行，體現民族自尊心。

附近居民意見不一，有人認爲中國人不能再受侮辱，亦有人質疑有炒作、「做騷」之嫌。

湘潭大學國際關係研究所所長李廣一教授認爲，儘管日本政府做出參拜靖國神社、覇佔釣魚島等行爲，但採用這種形式不合適亦不應該，可能讓日本民衆對中國人民產生不必要的誤解，有關方面應勸導商家自行撤掉雕像。

洛城舉行紀念七七抗戰67週年大會

籲日本爲二戰罪行道歉

【本報記者陳曉春洛杉磯報導】洛杉磯榮光聯誼會和八年抗戰理事研究會27日舉辦紀念七七抗戰67週年大會，紀念中華民族抗日戰爭的卓越功績，並呼籲日本必須正視歷史，爲二戰中的戰爭罪行道歉。

紀念大會以演唱抗戰歌曲的形式開幕，丹尼斯音樂中心及多名音樂界人士先後演唱：黃水謠、游擊隊之歌、松花江上、大刀進行曲、抗敵歌等抗戰歌曲，並邀請政論家鄭浪平做專題報告。

鄭浪平指出，不久前舉辦的諾曼第登陸60週年紀念活動，德國總理應邀參加的場面引人矚目，顯示德國已接納並正視二戰的歷史，誠意地向受害者道歉，因此也被世界各國所接受，允許其總理參加二戰紀念活動；但在太平洋這邊，當年參加二戰的日本至今還在竄改歷史，拒絕爲日本軍國主義的罪行道歉，並且肆意模糊中國在二戰中遭受的傷害和恥辱，以使中國對二戰「失憶」。相反地，日本還增加軍備，爭取可以對外宣戰，試圖建立新的法西斯。

鄭浪平說，目前亞太地區一直沒有正視抗日的歷史，中國人對抗戰至今仍存在「迷失」。實際上，中國人在二戰中付出最大的貢獻，開戰最早，遭受最大損失，卻得到最少的援助。

他說，甚至最近，台灣舉辦黃埔建校80週年紀念活動中，部分台獨人士竟然宣稱，「黃埔在抗日中沒打過一場勝仗，全是敗仗，才有今天的局面」。

他強調，事實上，黃埔軍校正是抗日的主力，是當年國民革命軍的主力，甚至當今的中國大陸解放軍，也有當年黃埔的血統和基因。

洛杉磯華人聯絡會副會長王勝生表示，當年國共合作，才有抗戰的勝利，抗戰勝利了才有台灣的光復，而抗戰阿斗精神正是中國人不打中國人。但今天，美國少數政客在暗中鼓勵台獨，日本也暗中支持台獨。如果台海兩岸不能聯手合作，亞洲的安全和穩定會受到威脅。

第七章　積極參與反對「日本入常」的全球活動

孫大公先生在美國除積極揭發南京大屠殺真相，運用各種管道宣傳，另有反對「日本入常」也是他努力參與的活動。所謂「日本入常」，是二〇〇六年間，倭國在國際四處活動，企圖成爲聯合國安理會常任理事國，是可忍，孰不可忍，野獸怎企圖要與人同桌吃飯？

此事在台灣島內似乎沒有引起太多討論，只有台獨份子發表同意日本入常聲明，無奈同類嘛！但在美國乃至其他地方引起極大反對聲浪。我針對孫大公先生寄給我的資料，整理成這篇短文，讓台灣人看看。

有個記者在紐約報導（新民晚報，二〇〇六年十一月十四日），「紀念南京大屠殺受難同胞聯合會」，簽請華人踴躍捐輸，以便該會搜集三種關於日軍南京大屠殺的錄影帶大量複製，發送給各國駐聯合國代表團、美國參眾議員，讓他們知道日本的侵略和恐

怖暴行，以及侵略者至今不承認、不悔過、不道歉的態度，促使各方反對日本晉身安理會常任理事國。該會選擇的三個錄影帶分別是：

第一個，「馬驥的見證」（Magee's Testament，導演王正芳），反映美國牧師馬驥在一九三七年，他於南京大屠殺期間，實地所冒險拍攝的影片。

第二個，「奉天皇之命」（In the Name of the Emperor，編導崔明慧、湯美如），紀錄美國人、日本人、專家、學者以及前日本兵對大屠殺的說法。

第三個，「黑太陽：南京大屠殺」（Black Sun: The Nanjing Massacre，導演牟敦芾），根據史料紀錄，以藝術手法重現史實的歷史紀錄片。

該會負責人在介紹該項計劃時表示，正值全球華人反抗日本侵略中國領土釣魚台之際，尤其不應忘記倭人侵華時死難同胞，不應忘記南京大屠殺。倭國一旦成爲安理會常任理事國，就等於宣佈他們過去的侵略和罪行都是合理正當之行爲，中國人是可殺可辱的，如此中國人和一條

該會除將向上述人士贈送錄影帶外，還擬向國際傳媒、專欄作家、智庫、政治人物、社會要人及重要大學、圖書館等廣為贈送。每套錄影帶（包括三部）認捐費為六十元，捐款可以抵減所得稅。

支票抬頭：AMVNM，地址 P.O. Box 520194, Flushing, NY 11352－0194。詢問電話：（914）921－2933；（718）358－8576。

狗又有何不同？又有甚麼機會崛起於廿一世紀？有甚麼資格說是炎黃子孫？有何面目說自己是有五千年文化泱泱大國之子民？

而反之，倭國多年的歷史翻案工作，便獲得全世界公認。未來他們大可對自己的國民、後代子孫說：二戰時，日本是被中國侵略的，八年戰爭是中國人自己製造挑起的，而南京大屠殺根本虛構，就算有死幾個人，也是中國人自己打架打死的，現在日本右派都這麼說的。

在洛杉磯有記者吳忠國報導，全球大串聯一起向日本進聯合國安理會「嗆聲」簽名活動，兩個月來已收集到四千二百萬個簽名支持，反應熱烈。「洛杉磯第二次世界大戰史維會」宣佈，他們將進入第二階段，大型報導日軍二戰罪行，讓美國人民理解倭國在二戰的恐怖罪行，與納粹屠殺猶太人相同兇殘和血腥。

主辦單位「史維會」原設定百萬簽名，結果超乎想像達到四千二百萬個簽名，士氣大振。理事長臧大成、理事黃授良，及日裔理事山中譽中出席記者會，呼吁大家再接再厲，第二階段目標是「報導日軍罪行」和「募集十萬元經費」。

臧大成提出中國名言，「一失足成千古恨、再回頭已百年身」，呼吁倭國小泉首相趕緊懸崖勒馬，以免越陷越深不可自拔。他深具信心認爲，讓美國民眾認知到倭人在中

國及各鄰國的暴行，這是中國人向民族歷史交代的負責態度。

日本至今仍是「帶罪之國」，因其不認錯、不道歉、不賠償，將使這個民族永遠活在世人指責，活在黑洞中。同樣發生屠殺猶太人的德國，他們早已完成認罪、道歉和賠償的工作，德國子民在全球各地受到的尊重必然不同，他們也有全新的未來。

當這個反對「日本入常」活動正開展之際，孫大公寫一封信給「史維會」會長臧大成和理事黃授良先生，該信見「在美國致力揭發南京大屠殺真相」一文中，孫先生除積極支持，並附一小張支票及表明要當該活動的義工。直是江海不擇細流啊！反對倭國入常的簽名能達四千多萬就是這一個個小老百姓願意站出來的結果，產生一種極大的春秋大義力量，正是古人謂「微言大義」之意。

也大約是小泉純一郎任倭國首相時，我原住民立法委員高金素梅，率領一百八十原住民在大阪地方法院，控訴小泉參拜靖國神社違憲，又到東京靖國神社要求迎回祖靈，

主辦單位歡迎捐款，支持他們到聯合國抗議，捐款可寄到：P.O. BOX 14265，Fremont，CA 94539 USA，支票抬頭：Global Alliance。或是上網捐款網址Paypal.com。(Account:donation@global-alliance.net）。

可以想見是沒有結果的。但吾人贊揚此種義舉，如高金素梅所言：「我們的聲音雖小，不過我們的決心不變！」

歷史與社會公義的維持，春秋大義之彰顯，便是由許許多多像孫大公、高金素梅這樣有正義感的人，勇於站出來，願意成爲一滴水、一涓細流，終成大江海，產生大力量；那些腐敗、邪惡和黑暗勢力，見正義壯大，自然就退縮或消逝了。讀者諸君！以爲然否？

正當我在校訂本書時，倭國發生空前大海嘯（大地震、大火災、核爆炸等），仍倭人史無前例的大災難。是時，東京都知事石原愼ㄎ郎竟「良心發現」，說「海嘯是天譴」，他接受讀賣新聞訪問說：「日本人過於強調自我，凡事以自我慾望爲主，來從事政治和民粹主義。而透過這次的海嘯，若能一次清洗這些執著，我覺得或許這是一次天譴。」（中國時報，二〇一一年三月十五日Ａ２版）

石原眞是良心發現了，這確是天譴。試問，倭國給全亞洲人帶來比這次天災人禍多億萬倍災難，他們說聲道歉嗎？

第八章　孫大公先生退伍後在土木工程界的服務貢獻

本書所寫這位台灣當代投筆從戎的典範人物，諸多足為現代青年學習的行誼，尚未談到他在民間工程界的服務貢獻。本文略說他在這個領域的事蹟，按年代分述如下：

一九七二年申請退伍時之奇遇

按照四年新制陸軍官校之法規，在學生畢業服務軍中十年以後隨時可申請退伍。孫君在一九五九年陸官校畢業，至一九七二年已超過十年，而且投筆從戎之初，志在部隊中為國效勞，如今在陸官校教書十年，屢次請調至裝甲兵部隊皆被勸阻，於是決心「申請」退伍。但陸軍總司令于豪章將軍召見面諭：「你是陸軍的標桿，豈可輕易言退，給

你一年考慮後在說！」這是別的學生沒有的「殊榮」，只好再多服役一年。

此時要退伍之消息外洩。某日有兩位陌生人來孫家拜訪，自稱是青年救國團的處長，來請孫先生出任建設局長，云目前全台有三個市（基隆、台中、高雄）的建設局長因判刑出缺，希望孫君擇一而為，孫君極為驚詫，詢問此事從何而來？答云：「我們已調查過你清廉又無派系，極適合擔任一般人視為『肥缺』的局長。」經深入詳談後，他們帶孫君去見基隆市的陳正雄市長，陳市長非常高興，請孫君儘快上任，希望在他市長任內對基隆的建設有所建樹。正巧此時于總司令命孫君延長服役一年再考慮退伍事因，不能擔誤陳市長之正事，即婉拒了建設局長職務。不過一年以後基隆市另立一個工務局，陳市長再邀孫君接任局長，可是孫先生已擔任葉財記營造公司總經理，只好再度婉拒了。

一九七三年退伍以後

㈠退伍後即被延攬至土木工程界服務

葉財記營造公司是台灣有名的房地產開發公司，其董事長葉根林在孫先生退伍後即請他去擔任總經理督導興建大廈和工廠。因為他以前在教學界服務多年，實務經驗不充份，所以他後來選擇不同性質的公司去服務歷練，最後遠東集團的創辦人徐有庠先生請

孫先生去督建當時亞洲第一座四十層高樓之「遠企中心」（台北敦化南路），並擔任遠揚建設和遠揚營造兩個公司之總經理七年（一九八二—一九八九）。

㈡在各大工程公司擔任總經理之間有一段空間，孫就自組公司去沙烏地阿拉伯國尋求工程機會。一共去了九次，每次都找到絕佳之賺錢機會，可惜人單財薄，掌握在手中的工程都會從指縫間溜走。孫君曾開玩笑說：「國父孫中山先生革命十次才成功，我也會在第十次成功。」可是事與願違：在第十次孫君已與幸福水泥公司創辦人陳兩傳合作，負責安排與沙國之皇親簽約在沙國合作承包工程，當一切準備就緒即將啓程之前，突然政府批准幸福水泥可開始建廠，彼時幸福水泥之人力財力只夠辦兩件事中之一件，陳董事長徵詢孫君做哪一件好？對孫君說去沙國做工程已成定局，不去則一切成空，但是建廠對陳董來說卻是永久之計，孫君毅然請他建廠，而孫先生因不能去沙國踐約即被沙國禁入，從此就失去了第十次成功的機會。

㈢在來去沙國途中都會在中間站星加坡暫停，由至友亞新工程顧問公司董事長莫若礪之介紹認識當地工程界人士，因爲孫已被沙國禁入不能再去，大家就聚資在星成立公司承包工程，由孫君擔任總經理，一切談妥，此時忽然遠東集團徐有庠先生請他去督建四十層樓之遠東企業中心。孫與之並無淵源而獲此信任，甚覺榮幸，遂應允留台，放棄

星加坡待遇優厚之職務。

一九八九年以後

㈠孫先生辭去以「遠揚」爲名的兩個公司總經理職務以後，就飛去美國與家人團聚，同時受幸福水泥公司董事長陳兩傳之托在美國找土地，他要和孫在美國成立公司，由孫負責買賣土地。

孫在半個月內找到他滿意的土地，只要過戶手續完成後即可轉賣給等著買的新買主，利潤是五百五十萬美元。陳很高興，於年底前趕來美國看土地，但數日後必須返台，因爲幸福水泥公司的股票馬上要上市，他要趕回去親自主持。孫先生送行時他向孫要了一張孫的空白支票，他說回台後可把購地款匯入孫的支票帳戶，由孫先生繼續操作此購地案。可是他返台後未見款匯來，經電詢，方知台灣股市正暴跌上萬點，他本來準備買地的錢已全數用來拉抬自己公司剛上市的股票，因此這原可暴賺的土地案也就無疾而終了。

㈡台灣歷史悠久著名的遠東百貨公司總經理退休後自組一個國際投資公司，專投美國的房地產。因其在百貨業界是出名的廉潔和信譽卓著的硬漢，所以很多業界的大佬都紛紛投資，孫也想搭個順風車投入了他的積蓄，當時世界榮景，估算兩年不到即可翻一

倍，豈知人算不如天算，突然在一九九〇年日本經濟泡沫破滅，拖累全球經濟暴跌，美國公司紛紛倒閉，他們合伙人有八十多年歷史的公司也慘遭滅頂。

在孫經歷很多利潤極高的個案中，每個都掌握嚴謹，卻個個從指縫中溜走。他自我檢討起來是「有運無命」，真所謂「生死有命，富貴在天」信然！

㈢一九九三年赴中國大陸辦合資公司

台灣開放返大陸探親之時，大陸對台胞是用紅地毯相迎。孫君本想回去把杭州西湖邊上的祖產申請發還（時值人民幣億元以上），但恐影響官校同學和他教過的學生們因他返鄉之故而妨礙了軍中的升遷，所以雖然沒有人請孫暫勿返鄉，孫也自我節制沒有回去。直到財政部長郭婉容率團去北京開會，同時立法委員等紛紛前去大陸，孫君才在一九九二年首次隨旅遊團回鄉探親祭祖，可惜那時「台胞」已成「呆胞」，祖產要不回來了！

大陸除歡迎台胞探親之外，更歡迎台胞返鄉辦企業，因當時大陸什麼都缺、尤缺電力，所以他好友企業家劉容西先生在孫先生的家鄉杭州與當地五個專業公司談妥合資創辦「杭光機電工程有限公司」專建火力發電廠，從設計到建造一氣呵成，並請孫一人代表台資公司去杭州做總經理。

開幕典禮轟動全城，可是孫一個人要和當地五個不同的合伙公司派來的員工共事，

其困難度可想而知，特別是發現全國緊急要建電廠，卻都欠缺資金，這樣公司不知要等到何時才會有工程可做，於是改變坐等策略，積極向國外尋求投資商來投資電廠，這樣才會有工程可做，因此緊鑼密鼓，先去全國各地過濾找出條件優良的個案，再去國外覓商投資，如此辛苦奔波，總算在一年內草簽了兩個在千萬美元以上的投資個案。由於過於操勞，健康出了問題，孫先生只好辭職返美療養。

兩年以後孫先生恢復健康，興沖沖地趕去杭州，希望看看新建的電廠，可是公司人員告訴孫君一個廠也沒有建，因為投資者知道孫君辭去總經理職務後就都不投資了。真是白忙一場！

㈣與友人經手兩個可震驚全球之大案，惜皆未成。

1.用廢棄之稻草、豆梗等，作餵豬之飼料。

大陸某教授發明一種化學藥粉摻在切碎的稻草顆粒中，成為豬隻愛吃的飼料。其優點是：

①豬隻愛吃甚於普通飼料。

②豬之成長期與肉質有進步。

③此飼料製作簡單，成本低廉（因廢物利用）。

④節省每年自國外進口飼料之鉅額支出。

⑤十三億人口中佔多數之農民可因之脫貧。

此事成效：

①發明之藥粉及養成之豬隻經各著名大學化驗證明成功。

②小型養豬戶已有近一年時間用此飼料餵豬的經驗，亟望政府大規模的推廣。

③孫與友人皆已實地參觀過，各級操作極有成效。

2.製造新型可增加倍數效能的冷氣機。

全世界目前正在使用大小冷氣機在五千萬台以上，每到炎夏各國都感電力不夠用，但是冷氣機使用的壓縮機效能卻始終無法突破（EER 值只在 2.0-3.0 之間，美國是把此值乘 4 來標示）。

有一位大陸的科技專家發明用低壓幫浦（Pump）代替壓縮機（Compressor）來製造新型冷氣機，其 EER 值可提高現有的二到三倍之多，並且已在各國取得專利權。這種冷氣機的優點太多。如：

①省電五十％以上。

②用簡易幫浦代替複雜的壓縮機。

③大型空調不需冷卻水塔。

④一個室外主機可供應數十個室內風機。

⑤主機與風機可離一百公尺遠。

⑥免費供應熱水。

⑦冷熱轉換自如。

⑧主機向屋外排風之溫度是30°C（目前一般冷氣機是45°C），當室外溫度高於30°C時，還可順便降低城市之總體溫度。

⑨不易產生「退伍軍人症」，因冷空氣不是用室內循環方式。

⑩容易安裝或改裝。

⑪維修容易。

⑫價格平實。

3.以上兩種發明若能具體實施，則其展現之效能可以震驚世界，可以造福全球！可惜最後都因發明者要的條件太高，投資者無法承擔，以至功敗垂成！

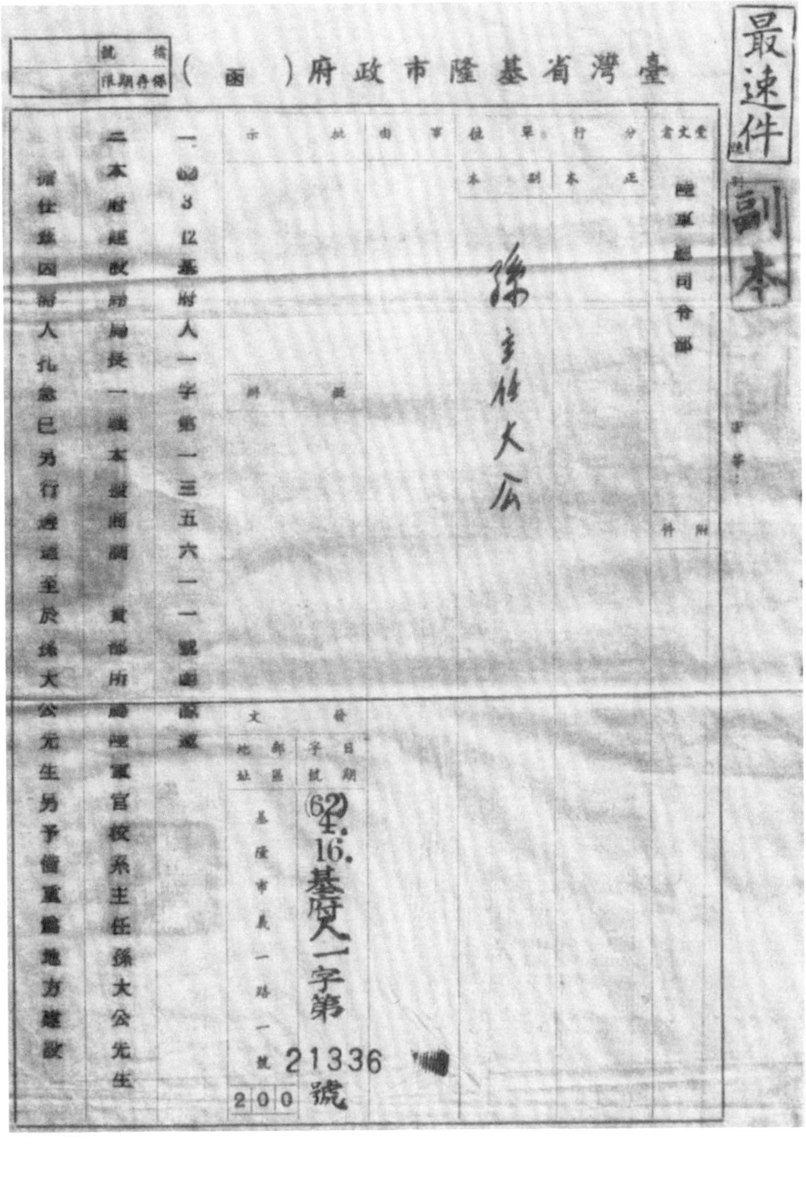

最速件

副本

臺灣省基隆市政府（函）

受文者：陸軍總司令部

副本：孫教授大公

一、(62)3 12 基府人一字第一三五六一一號函諒達

二、本府建設局長一職本擬商調 貴部所屬陸軍官校系主任孫大公先生擔任係因需人孔急已另行遴選至於孫大公先生另予借重籌地方建設

發文日期字號：(62)4.16. 基府人一字第21336號

部區地址：基隆市義一路一號

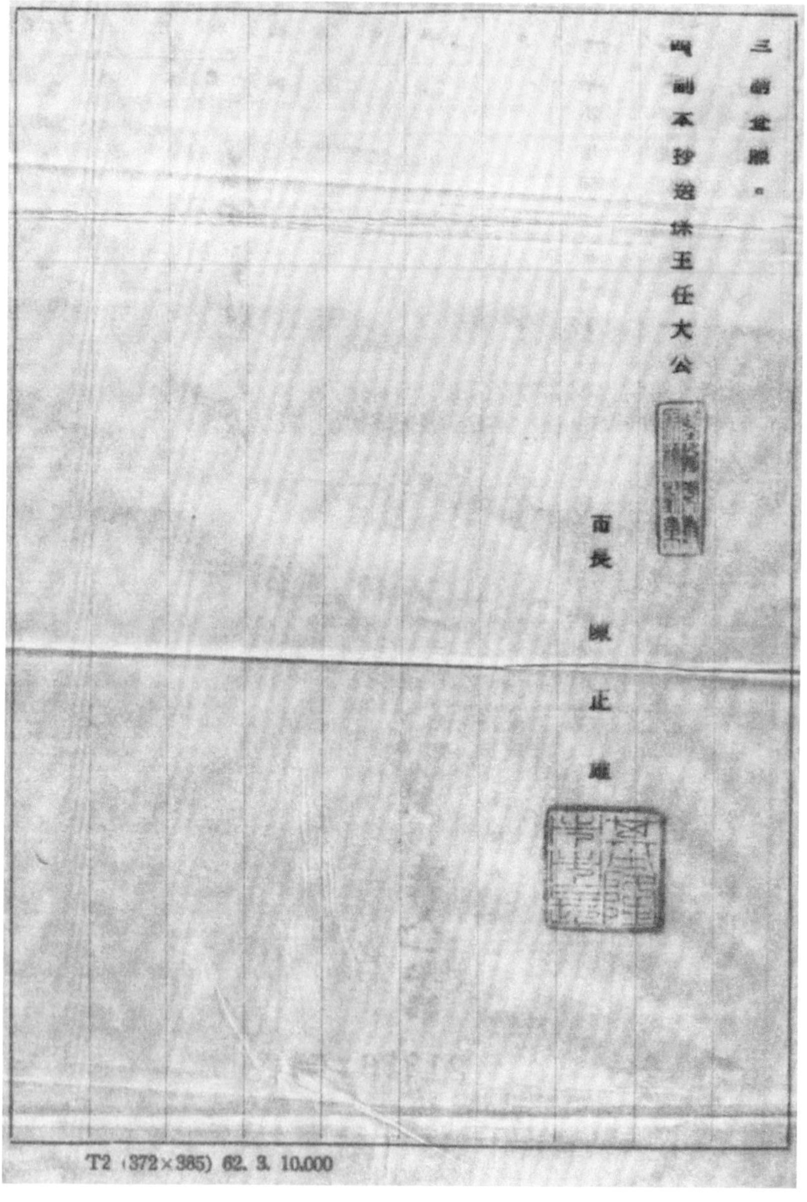

三函查照。

四副本抄送孫玉任大公

市長　陳　正　雄

T2 (372×385) 62. 3. 10,000

第九章 響應「和平統一、反對台獨」與「溯源之旅」

孫大公一生以中國人爲榮，對於追求中國統一當然是畢生最大且最後之願望。只要有機會給他，他會勇於表達並力行實踐這個全體中國人都期待的目標。

一九九二年於移居美國後首次訪問中國，在大陸國慶日前夕（九月三十日）突獲中央統戰部常務副部長蔣民寬之邀宴午餐，席間除孫一人外，其餘皆爲中央統戰部及北京市統戰部之領導。蔣部長談話之重點集中在中國經濟起飛之現況及未來，孫也將台灣經濟起飛過程比照作答，多所分析。逾二日北京統戰部長在「北京飯店」頂樓邀宴午餐，也僅孫一人爲客，據告在此場地邀宴爲部裡最高級之層級。當時孫先生的同班同學皆在台灣陸軍裡擔任重要軍職，顯然他已被當作重點統戰對象。

一九九三年在杭州主持「杭光公司」仍與蔣部長有往來。

一九九四年因病返美療養期間活躍於「黃埔軍校」旅美同學會，講述中國之進步情形，鼓勵同學多作實地觀察。

自從在陸官校執教十年後，目前台灣陸軍總司令和高級幹部，以及爾後十年的總司令和高級將領都會是教過的學生。每次孫返台辦事或訪友經常接受這些學生（自國防部長以下）的聯合敬師宴，被視爲彼等之光榮，因爲這位老師曾是大家心目中的偶像。

二〇〇一年自美國率領「黃埔軍校旅美校友訪問團」返國作「溯源之旅」。預訂行程是北京、廣州、南京、上海，參觀與黃埔軍校有關之各種史跡。因是新制陸官校友首次組團返國訪問，故甚受中共中央重視。

全團抵北京機場後即受到非常隆重之接待，三週內所到之處皆住五星級旅館。每人一房。各地之領導會見後都享以有如國宴之待遇。每日皆有專人專車接送。中央電視海外台及各地廣播電台和報社記者都隨時採訪報導。另有醫護隨團照料。因此浩浩蕩蕩所到之處都受到官方和民間之熱烈歡迎。

台灣在李登輝和陳水扁當政以後，數典忘祖，逐漸走向台獨，甚且卑顏屈膝向美、日靠攏，以冀獲其卵翼，繼續在小島上當他的高官。此舉大大破壞了中華民族的團結，也削弱了國家的力量，中共更是憂心重重，深恐台灣被分離出去，亟盼有志有識之士共

同參與譴責。

孫君自幼即以身爲中國人爲榮，期望在有生之年能見到祖國洗涮百年被列強欺侮之辱，也望在此翻身洪流中能貢獻一己棉薄之力。但際此全國轟轟烈烈邁向國富民強之時，卻有宵小賣國求榮，硬要把台灣國土分裂出去，並把兩岸同胞之生命置之不顧，寧可開戰而不願和平，是可忍孰不可忍！因此在率領黃埔軍校旅美校友首次訪問中國之時，不顧「綠色恐怖」，挺身而出，經由中央電視等第四台之訪問，向全世界昭告他及團員之心聲——「和平統一，反對台獨」。

在北京時有四位中央部會長——中央統戰部長王兆國、國僑辦主任郭東坡、國台辦副主任王在希，及民革副主席朱培康——分別與訪問團會談並賜宴，都對孫先生之發言加以讚賞。

到廣州後有廣東省統戰部長彭禹賢及黃福春、楊正根、陳安文等參與會談，亦發出「和平統一，反對台獨」之呼聲。之後到孫中山紀念館、黃花崗七十二烈士墓及黃埔軍校舊址參觀，緬懷先賢推翻滿清之艱辛，感觸頗深。翌日赴深圳參觀，有統戰部長廖軍文接待。

在南京時有江蘇省統戰部長林玉英與訪問團會談並賜宴。再有江蘇省海外交流協會

會長黃翠玉亦如是。

爾後訪問團攜帶花圈至中山陵晉謁國父，全體團員穿著整齊制服、敬禮、讀祭文、獻花圈、呼口號，皆由各種媒體加以傳播。參觀南京大屠殺紀念館後，全體團員血脈噴張，對日本人之殘酷和死不認賬，皆刻銘在心。最後對大屠殺倖存者倪翠萍和姜根福予以慰問與獻金。

訪問之最後一站是上海，由上海統戰部長黃躍金、金閩珠負責接待，參觀上海各種最新之建設。

二〇〇一年八月美國洛杉磯華僑爲慶祝北京申奧成功特舉行盛大餐會，到會八百多人，其中最受人注目的是孫大公率領的剛從中國訪問歸來的黃埔校友，因爲這是五十多年來第一次有台灣陸軍官校畢業的黃埔學生參加由中國領事館主辦或參與的僑界活動，深受各界重視。

孫君在餐會中向僑領們宣示黃埔學生以「振興中華民族，建設富強康樂的新中國爲時代使命」。

二〇〇二年迄今多次號召海外投資家到中國投資，並自費陪同赴華爲投資項目考察與談判，總希望中國能日新又新，早日跨身世界強國，爲全球帶來大同世界之日。

2001年访问时曾分别参与座谈及赐宴之单位

全国政协副主席	王兆国
全国政协副主席	周铁农
国侨办主任	郭东坡
国台办副主任	王在希
民革中央名誉副主席	贾亦斌
民革中央副主席	朱培康
广东省政协副主席	彭禹贤
深圳市政协副主席	廖军文
江苏省政协副主席	林玉英
江苏省侨办主任	黄翠玉
上海市政协副主席	黄躍金

黄埔军校同学会

北京	李运昌	文 强	林上元	黎 原
广东	何世庸	何淳斌	何季元	邓新柳
江苏	吴钟祺	张修齐		
上海	李赣驹	黄崇武	朱 纯	赵人龙

人民日報 2001.7.5

王兆国会见台陆军军官学校旅美同学会访问团

本报北京7月4日讯 记者李德金报道：全国政协副主席、中华海外联谊会会长王兆国今天下午在京会见了以孙大公先生为团长的"台湾陆军军官学校旅美同学会'溯源之旅'访问团"一行20人。

王兆国首先对"台湾陆军军官学校旅美同学会"首次组织"溯源之旅"访问团来京访问表示欢迎，并对该会坚决反对"台独"，拥护祖国统一的正义立场表示赞赏。同时，希望海内外中华儿女共同努力，为祖国统一事业多作贡献。

王兆国指出，早日实现祖国的完全统一，实现中华民族的伟大复兴，是包括台湾同胞和海外侨胞在内的中华儿女的共同愿望和历史责任。台湾当局至今拒不承认一个中国原则，使两岸关系的僵局无法打破，给台湾人民带来了危害。海内外黄埔同学应当团结起来，反分裂、反"台独"，促统一。王兆国表示，我们将继续贯彻"和平统一、一国两制"方针和江泽民主席的八项主张，加强两岸交流，推动两岸关系发展，加强同海内外一切主张祖国统一的人士和团体的联系，反对台湾"独立"，共同致力于祖国统一事业。

孙大公先生一行是应黄埔军校同学会的邀请来访的。该团结束在京访问后，还将赴广东、江苏、上海等地进行参观访问。

南方日報 2001.7.6

彭禹贤会见美国一访问团

本报讯 昨日，省政协副主席、省委统战部部长彭禹贤在广东迎宾馆会见了美国"陆军官校旅美同学会'溯源之旅'访问团"。

以孙大公为团长的访问团是应黄埔同学会的邀请来访，将参观广州、深圳和东莞。彭禹贤对访问团成员反对"台独"、拥护祖国统一的正义立场表示赞赏，向他们介绍了我省经济和社会发展情况。（黄伟平、林亚茗）

陸軍軍官學校旅美同學會
Chinese Military Academy Alumni Association

二十八期
孫 大 公
David T.K. Sun

Tel: 949-559-8356
14932 Mayten Ave.
Irvine, CA 92606
U.S.A.

第十章　叱責猶太人忘恩負義

——兼補述歷史上的「反猶太主義」

猶太人亡國兩千年，幾乎被全世界各民族「追殺」，確實可憐且深值同情，但他們亡國而未亡種也讓人敬服。庶民俚語常說：「可憐之人必有可恨之處。」他們從耶穌時代就背著「忘恩負義」的罪印，到底爲何如此？

原來早在西元世紀之初，猶太教徒爲逃避羅馬政府的政治迫害，於西元六十六年與基督的信徒分道揚鑣發展，但後來基督教得勢成羅馬國教。在漫長的歷史發展中，正統猶太人始終視基督徒爲背叛者，而基督徒則自命是以色列的認同者。到了十五世紀時，部份猶太人又皈依基督教，但暗中信仰猶太教，於是猶太人被貼上「背義者」標籤。基督教的反猶太主義（Antijudaisme）逐漸變成「反閃族主義」（Antisemitisme），因爲猶太人是閃族（Semites）。（註：廣義而言，猶太人、阿拉伯人、亞述人、巴比倫人及腓

尼基等都是閃族，但當我們用「Semitism」時，特指猶太人氣質，所以「反猶太主義」和「反閃族主義」，也可以同用「Anti-Semitism」一詞。）

原來本書主人翁孫大公先生叱責猶太人忘恩負義，竟可追溯二千年，猶太人的忘恩負義真是其來有自！這是種族天性嗎？

猶太族人散居世界各地，但將近二千年來的世界舞台上，在整個西方世界，猶太人被形容成「異邦的劣等民族」、「一種有毒的血統」、「有犯罪本質的種族」。此實爲猶太人的悲哀，反猶太主義的成因很複雜，有宗教、經濟和心理各層面，直到近現代，最可怕恐怖的反猶太行動出現在德國，且和資本主義相連結了。

一八四八年是德國的革命時代，日耳曼人就把猶太人定位成「資本家剝削者的代理人」。第一次世界大戰後，希特勒組織國家社會黨，他原先已歧視猶太人，又深受俄國反猶的「猶太國長老錄」（Protoccls of the Elders of Zion）一書影響，於是展開了史無前例的反猶運動；同時積極倡導泛日耳曼主義、反宗教主義、反唯物論、反舊約全書，並與奧國、捷克、波蘭的種族主義政黨串通，共同迫害猶太人。

一九三三年希特勒登台執政後，二戰爆發前，德奧捷波境內的猶太人紛紛逃亡。一九四〇年，納粹黨要員羅森堡（Alfred Rosenburg）建議，在馬達加司加（Madagascar）

島設特區，強制所有猶太人遷入，以解決德國境內的猶太人問題，並可以把反猶運動擴大到海外。但這樣的提議很快被放棄了，被消滅政策所取代。

消滅政策由秘密警察局（Gestapo）猶人組組長艾克曼（Adolf Eichmaun）負責執行，直接在各地方把猶太人逐入壕溝用機槍掃射、集體在毒氣室中毒死，或被投進焚化爐中。到一九四四年止，有六百萬猶太人被有系統的「消除掉」。他們在死之前，衣履被剝精光，珠寶手飾被拿走，焚化後的骨灰用於農業肥料；部份尚有勞動力者用於從事危險工作，無勞動力而有生存機會者則用於醫學試驗品。屠殺猶太人的劊子手艾克曼，於一九四五年二月間曾說：「五百萬人死在我手下，我已心滿意足，可以含笑黃泉了。」確實是，人類社會有史以來未有如此大規模的大屠殺。

在前蘇聯，一九二〇年代時，猶太人被視為資產階級份子，全被剝奪公權或被殺害；到一九三〇年代又被定位為資本主義者，也是敵人，直到一九五三年史達林死後，反猶運動才轉入低潮。

在阿拉伯世界的反猶太主義也盛行，二戰後最為劇烈。一九四八年五月十四日，以色列宣告誕生，第二天幾乎全阿拉伯世界便向以色列宣戰，戰事到廿一世紀的今天仍未能解決。阿拉伯世界誓言：「讓猶太人從地球上消失。」看來這世上的反猶原因永遠存

在．沙士比亞（Shakespeare）在威尼斯商人傳（The Merchant of Venice）中，說猶太商人賽樂克（Shylock）要割欠債人的肉來償債。此類事件或許爲真，但終究是個案吧！難不成沙士比亞也在反猶，用他的筆來醜化全部猶太人，以增加世人對猶太族群的憎恨吧！

看來全世界不反猶的只有中國人了，早在唐代就有猶太人移民到長安。二戰時德國滅猶之際，有少數猶太人逃到中國，都得到收留安居，蔣公也同意他們大量移民過來，惜不久山河變色。

從前面我的探討，猶太人背負「忘恩負義」形像，似已成爲「原罪」，一種本質，幾千年都如此，真是可憐可悲！而對於有恩於猶太人的中國人，他們竟忘了恩，把中國人比做德國納粹，更加可痛！難怪孫大公先生要叱責猶太人忘恩負義。

原來在二〇〇八年五月之際，我國正準備北京奧運會。竟有猶太人報社把中國人比做德國納粹，猶太領袖呼籲全球猶太人抵制北京奧運會。孫大公先生深感「是可忍孰不可忍」！當下寫信給大使（應是中國駐美大使），請向猶太組織提出抗議，孫君也寫信向該報社糾正，及用電腦傳信給親朋好友。（均如附印）

對於猶太人的忘恩負義當然要嚴加叱責，否則豈不自己默認是納粹的同路人，吾人就算跳到黃河也洗不清。但對於幾千年來，西方社會的反猶、排猶、滅猶運動，我仍須

大使閣下：（周文重）

猶太人忘恩負义，把二战時救了很多猶太人的中國人比成殺了百萬计猶太人的德國納粹！（附件一）真是令人氣憤!!!

我已寫信叱责他们的编輯（附件二），同時寫email给我的親朋好友（附件三），可是没有想到昨日（05-01-2008）報載（附件四）猶太領袖呼籲全球各地的猶太人抵制北京奧運会，真是「是可忍孰不可忍」！

不知 閣下是否可向猶太人组織提出抗議以息衆怒？ 敬頌

康泰

孫大公 謹上 2008.5.2

（附件一）

Nazi Olympics Exhibition Offers Historical Perspective on Beijing Games

For two weeks in August 1936, Adolf Hitler's Nazi dictatorship camouflaged its racist, militaristic character while hosting the Summer Olympic Games. Soft-pedaling its antisemitic agenda and plans for territorial expansion, the regime exploited the games to dazzle spectators with an image of a peaceful, tolerant Germany.

The Museum's exhibition *The Nazi Olympics: Berlin 1936* explores how the Nazis used the games successfully for military training, pageantry, and propaganda. Now, after a ten-year national tour, the exhibition returns to the Museum April 25–August 17, to coincide with the Summer Olympic Games in Beijing.

View *The Nazi Olympics: Berlin 1936* at ushmm.org, under "Online Exhibitions."

TO ALL EDITORS : 〈附件二〉

Don't you forget that in World War II, the country which saved thousands of Jews is CHINA. How come you compare CHINESE as NAZI who killed thousands of Jews ???

A Chinese proverb says " Think where it comes from while you drink water ". That shows Chinese people always grateful to those who do the favorable things to them. I wonder what is Jew's proverb?

I will let all Chinese people know what is the real thinking that Jews have about Chinese.

We all hope there will be no World War III !

DAVID T.K. SUN

各位親愛的同胞: 〈附件三〉

最近我收到一份猶太人宣傳有關納粹屠殺猶太人的雜誌,裡面第4頁(附)居然把中國人比成納粹,真是豈有此理!

想當年第二次世界大戰時德國納粹屠殺了數以百萬計的猶太人,嚇得他們逃亡到世界各地,只有中國人是大量熱情地收容了他們,除了讓他們安居樂業無生命之憂外,還造就了不少的猶太富翁.

豈知猶太人翻臉不認恩情,不究實質差異,居然把中國人比成了納粹,真是令人氣炸,也讓我們看清了猶太人的本質,這就難怪納粹的狠毒了!

中國這個愛好和平的民族受了幾千年的氣,現在剛剛出現有個好的遠景,就不容於世界,除了西方列強外,連受過中國恩惠被德國趕盡殺絕的猶太人都來污蔑我們,希望大家要保持警覺,拋棄內部的矛盾,埋頭努力建設國家,只要國家強了,大家才會有好日子過喲!

孫大公 上　　2008-04-28

公道論之。

第一、那是一種「種族主義」（Racism）的迷思（Myth），把人種區分優劣，造成的一種「種族歧視」（Racial Discrimination）。其背後可能還有宗教原因支持著，例如中世紀對異教徒的屠殺。

第二、種族歧視之所以如洪水般沖向所有人，是長期宣傳醜化所致，如沙士比亞的威尼斯商人要割肉償債，這種事在全世界各族群都有，就是台灣比割肉可怕的，要拿命還債的新聞，幾乎月月有之。把一個「個案」，無限上綱到全部族群皆如此，是邪惡政治人物與組織（如希特勒、陳水扁、游錫堃、李登輝，或台灣基督長老教會、台灣教授協會及台獨組織。），配合邪惡媒體（如德國納粹媒體、台灣自由時報），拚命操弄的結果，沒有判斷力的人民便被「洗腦」。游錫堃的「中國豬」論述，那些台獨份子便以爲中國人都是豬，怎不想想自己祖宗八代都是中國人，到底誰才是真正的豬?豈不罵到了自己?連他們自己的父母祖宗、兒孫、全是豬了!

第三、猶太民族飽受兩千年的歧視，歷盡人世間一切苦難，二戰時更有六百萬人被屠殺。或許英美強權覺得愧對猶太人，因而支持他們建國，這也導至半個世紀以來以阿間爆發多少戰爭!以色列的國防政策向來以「先制攻擊」聞名於世。又因而樹敵太多，

且樹者都是「死敵」，如伊朗、伊拉克，都是死對頭，隨時準備要使猶太人從地球上消失，怎不叫以色列國民寢食難安！

但一個民族背負「忘恩負義」兩千年之久，難道這個民族不須要反省嗎？目前世人似越來越不能容忍猶太人所做所爲，因而有學者研究指出以色列可能在廿一世紀中葉前亡國，猶太民族可能再度流亡各地，甚至亡種亡族。這不是看相的「預言」，而是學術研究後的「預測」，猶太民族確實要反省。

孫大公在一封信（附印）中提到，當納粹追殺猶太人時，他們流亡在世界各地，只有中國伸出援手，收容他們，給他們可以安身立命之處。如今怎的就忘恩負義，說中國人同納粹一樣，真是叫人氣炸，也讓我們看清猶太人的本質。

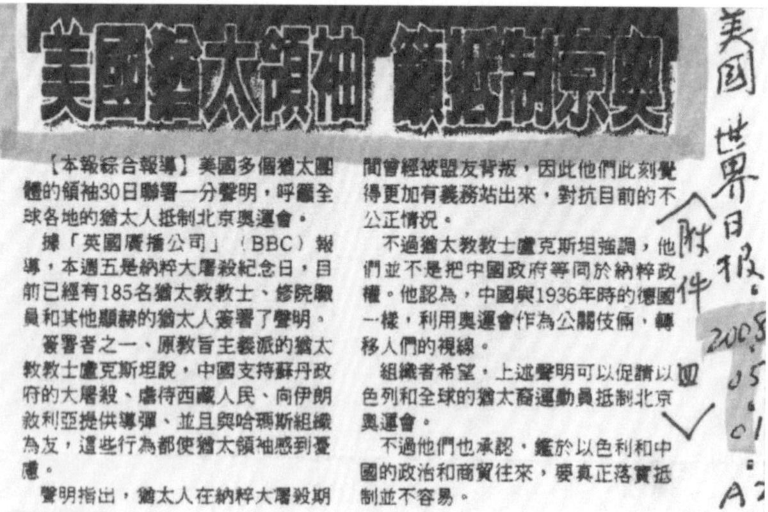

美國猶太領袖　籲抵制京奧

【本報綜合報導】美國多個猶太團體的領袖30日聯署一分聲明，呼籲全球各地的猶太人抵制北京奧運會。

據「英國廣播公司」（BBC）報導，本週五是納粹大屠殺紀念日，目前已經有185名猶太教教士、修院職員和其他顯赫的猶太人簽署了聲明。

簽署者之一、原教旨主義派的猶太教教士盧克斯坦說，中國支持蘇丹政府的大屠殺、虐待西藏人民、向伊朗敘利亞提供導彈、並且與哈瑪斯組織為友，這些行為都使猶太領袖感到憂慮。

聲明指出，猶太人在納粹大屠殺期間曾經被盟友背叛，因此他們此刻覺得更加有義務站出來，對抗目前的不公正情況。

不過猶太教教士盧克斯坦強調，他們並不是把中國政府等同於納粹政權。他認為，中國與1936年時的德國一樣，利用奧運會作為公關伎倆，轉移人們的視線。

組織者希望，上述聲明可以促請以色列和全球的猶太裔運動員抵制北京奧運會。

不過他們也承認，鑑於以色列和中國的政治和商貿往來，要真正落實抵制並不容易。

美國世界日報（附件四）2008.05.01 A

第三篇　國家發展方向和最美麗的一仗

——「二〇〇八」法統重光

第十一章　解甲歸田作良民：思考要三民主義？還是資本主義？

孫大公的軍人生涯終於結束，解甲歸田作良民，人生的舞台、跑道都轉換了，每日生活或工作重心自然也變了。但唯一不變的，是他對這塊土地的關心、愛心是永遠不變的，對國家發展方向和社會風氣，乃至對當朝政局的關懷也是永遠不變的！

民國六十九年五月八日，孫大公再有一封信寫給經國先生。（註：孫君有數封信寫給蔣先生，

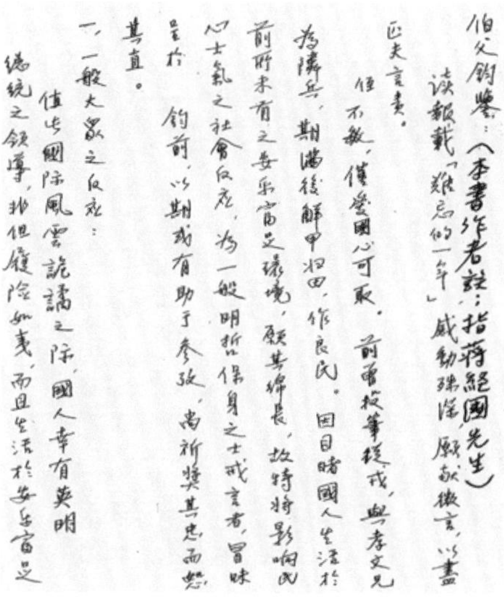
伯父鈞鑒：（本書作者註：指蔣經國先生）
讀報載「難忘的一年」感動殊深，願獻微言，以盡
匹夫之責。
侄不敏，僅愛國心可取。前曾投筆從戎，與孝文兄
為隣兵，期滿後解甲歸田，作良民。回日睹國人生活於
前所未有之安樂富足環境，願其綿長，故特將影響民
心士氣之社會反應，為一般明哲保身之士戒言者，冒昧
呈於
鈞前，以期或有助于參考，尚祈獎其忠而恕
其直。
一、一般大眾之反應：
值此國際風雲詭譎之際，國人幸有英明
總統之領導，非但履險如夷，而且生活於安樂富足

都稱伯父，因與孝文有同學之情份。）該信孫君把當時國內社會現狀，作了真實的描述反應：

第一，國際風雲詭譎之際，國人有蔣先生的英明領導，使社會上每人充滿信心與安全感。但眾人憂心沒有適宜的繼任者，放眼國內外尚不見端倪，各界議論、疑惑者多，甚有藉機蠢動者。

第二，總統宵旰為公，愛民如子，可以為聖，但部份執行官員自私自利，只見良法美意，而計劃執行不見成效。久之，民眾以為政府缺乏誠意，則影響民心士氣。

第三，「難忘的一年」七月二十七日所揭示之「公正廉明」，為任何政府之圭臬，澈底行之則雖夷亦服，極望服公者皆能遵從明示。

孫君這封信寫的實實在在，那個年代至今不到三十年，四十幾歲以上的人都能感受那種氣

之中，每人充滿信心與安全感，但存於衆心之疑問乃是以後有誰具此能力堪為繼任者？放眼國內外尚不見端倪，於是紛紛議論者有之，猜疑者有之，以致衆心不安，而不法小丑藉機蠢動矣！

二、智識份子之反應：

總統宵旰為公，愛民如子，可以為聖，但是部份執行官員，自私自利，不敢擔當，甚且家人滯外，而身懷綠卡，因此祇見良法美意不斷頒佈，而計劃執行不見有效，久而久之，民衆誤以為政府缺乏誠意，則影響民心之嚮向甚鉅。

三、憂心國事者之反應：

(一)西諺「滾石無苔，止水生腐」，如今公務員貪污已不覺恥，警察已昇級販毒，皆動本爛根之事，而實源於社會之奢靡，請自此處釜底抽薪。

(二)「難忘的一年」七月二十七日所揭示之「公正廉明」為任何政府之圭臬，澈底行之則雖夷亦服，亟望服公者皆能遵從明示。

侄愚，不辨玉石，以為拾捨者皆為美玉，故捧之以獻，若誤，尚請伯父教正。

肅此 敬叩

國運昌隆

政躬康泰

侄 孫大公 叩上

67年5月8日

又及：影本為伯父於民國四十六年所賜之教言，實亦為目前全國上下所應遵奉之座右銘，附此以謝[illegible]意。

氛，五十歲以上的人就更清楚明白了。

惟信中第二項稱「總統宵旰為公，愛民如子，可以為聖」一句，句中有三個形像意象詞，前二個「宵旰為公、愛民如子」，這是千真萬確的事，有兩千萬個「人證」，是歷史公認肯定之事。但「可以為聖」四字，是否阿諛之詞？確有極大思維空間，此處僅說「可以」，沒有當下稱「是」。

就事論述，蔣經國能否在中國歷史上列入「聖」位，至少是八十年以後才有的定論。但有一點值得注意，蔣先生主政台灣有「貞觀之治」的氣候，即能比貞觀之治，則他和唐太宗應有等價的歷史地位，我的看法如何！尚待史家公評吧！

孫大公解甲歸田，原可以過著如「竹林七

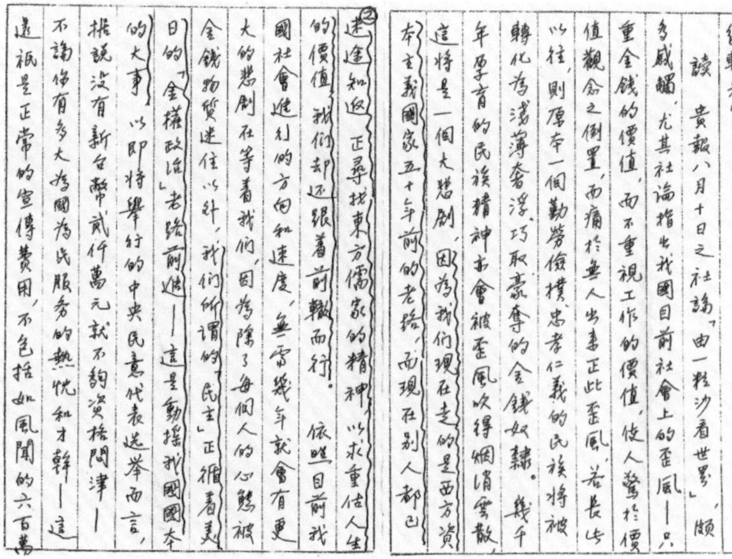

①
編輯先生：
讀　貴報八月十日之社論「由一粒沙看世界」，頗
多感觸，尤其社論指出我國目前社會上的歪風——只
重金錢的價值，而不重視工作的價值，使人驚於價
值觀念之倒置，而痛於無人出來正此歪風，若長此
以往，則原本一個勤勞儉樸，忠孝仁義的民族將被
轉化為淺薄奢浮，巧取豪奪的金錢奴隸。幾千
年孕育的民族精神亦會被歪風吹得煙消雲散，
這將是一個大悲劇，因為我們現在走的是西方資
本主義國家五十年前的老路，而現在別人都已

②
迷途知返，正尋找東方儒家的精神，以求重估人生
的價值，我們卻還跟著前轍而行。依照目前我
國社會進行的方向和速度，無需幾年就會有更
大的悲劇在等著我們，因為除了每個人的心態被
金錢物質迷住以外，我們所謂的「民主」正循著美
日的「金權政治」老路前進——這是動搖我國國本
的大事。以即將舉行的中央民意代表選舉而言，
據說沒有新台幣貳仟萬元就不夠資格問津——
不論你有多大為國為民服務的熱忱和才幹——這
還祇是正常的宣傳費用，不包括如風聞的六百萬

賢」的閒適生活，但他牽掛著國家發展方向，國家的「路」走對或走錯？在給一家報社的信中提到資本主義和「美式民主」的大問題，有很重要一段話：

我們現在走的是西方資本主義國家五十年前的老路，而現在別人都已迷途知返，正尋找東方儒家的精神，以求重估人生的價值，我們卻還跟著前轍而行……我們所謂的「民主」，正循著美日的「金權政治」老路前進——這是動搖國本的大事……

此時期孫大公與黨國元老陳立夫先生接觸，討論三民主義和資本主義，陳立夫先生才有一篇三民主義要旨之書法贈孫君（如下）。現在很多人也把三民主義當破鞋，提都不提，

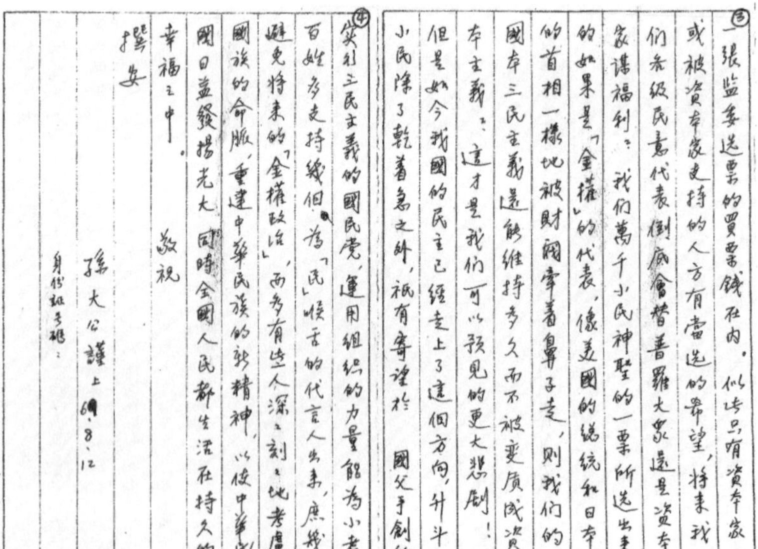
③
一張監委選票的買票錢在內。似乎只有資本家或被資本家支持的人方有當選的希望，將來我們各級民意代表倒底會替普羅大眾還是資本家謀福利？我們萬千小民神聖的一票所選出來的如果是「金權」的代表，像美國的總統和日本的首相一樣地被財閥牽著鼻子走，則我們的國本三民主義還能維持多久而不被變質成資本主義？這才是我們可以預見的更大悲劇！但是如今我國的民主已經走上了這個方向，升斗小民除了乾着急之外，祇有寄望於 國父手創的

④
實行三民主義的國民黨，運用組織的力量能為小老百姓多支持幾個為「民」喉舌的代言人出來，庶幾避免將來的「金權政治」，而多有些人深深刻刻地考慮國族的命脈，重建中華民族的新精神，以使中華民國日益發揚光大，同時全國人民都生活在持久的幸福之中。

敬祝

撰安

孫大公謹上 69.8.12

身份証字號：

殊不知台灣能有今天的繁榮，全因有一部三民主義憲法。

大陸所推行者，雖叫「中國式社會主義」，實際上實踐中山先生三民主義最力者，即今之中國大陸，中山先生實業計劃之藍圖，正是崛起的中國之具體形像。孫大公先生有一篇給某報編輯的短文，「要三民主義？還是資本主義？」放本文最末供參考。

資本主義有如一隻暴龍般誕生，就像「異形」吃遍整個地球，牠第一次被判死刑是一八四二年的馬克斯和恩格斯，但他們並未說何時滅亡，只說「終將滅亡」。與資本主義有著「連體嬰」關係的民主政治，在地球上流行了一百五十年，到一九九〇年代前蘇聯瓦解，應是資本主義（民主政治）的高峰，馬恩的預言不僅未成真，反而是

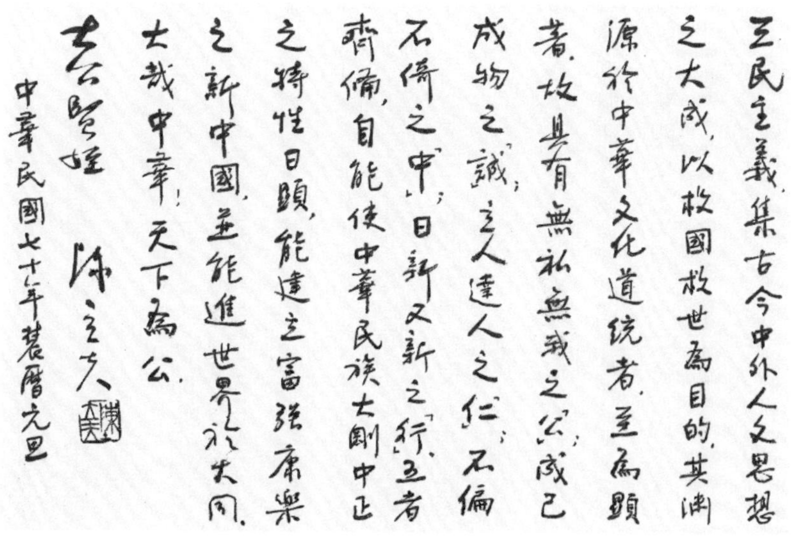
三民主義，集古今中外人文思想之大成，以救國救世為目的，其淵源於中華文化道統者，至為顯著，故具有無私無我之公，成己成物之「誠」，立人達人之「仁」，不偏不倚之「中」，日新又新之「行」，五者齊備，自能使中華民族大剛中正之特性日顯，能建立富強康樂之新中國，並能進世界於大同，大哉中華！天下為公。

孟賢姪　陳立夫

中華民國七十七年農曆元旦

共產主義的祖國蘇聯垮了，是被資本主義拖垮的。可見資本主義多麼可怕，但牠卻拖不垮社會主義中國，老美（代表西方資本主義和民主政治）原也想用同樣方法，把中國拖垮，可惜力不從心，因為牠本身也快垮了。

進入廿一世紀，因美國資本主義社會的腐化，導至全球經濟災難，人們開始相信資本主義末日就在眼前，馬克斯的「資本論」一書因而熱賣。約瑟希斯（**Joseph Heath**）的名著「髒錢」一書也大賣特賣，「髒錢」揭示各國人民對資本主義財富正當性的質疑，認為資本主義社會制度下，資本家的牟利，違反了公平、正義和道德原則，所賺到的錢根本是髒錢。儘管如此，資本主義及其連體兄弟民主政治是否會很快滅亡呢？應也不會。

我在自己的著作曾針對這個問題深入研究，在「馬恩共產主義的策略性與人類前途」論文，收在「春秋正義」（台北：文史哲出版社，二〇〇七年十二月）一書，預測資本主義的滅亡應在本世紀中葉，屆時將全球流行社會主義，且有「中國式社會主義」、「印度式社會主義」……等等各種形態的社會主義，意者可讀拙著該論文以知其詳。

這是別話了，我們回到孫大公這個主題上。後面可參閱孫君的短文「要三民主義？還是資本主義？」，孫君較吾等早三十年思考這個問題。

要三民主義？還是資本主義？

編輯先生：

今日各報競載監委選舉的投票種種，對賄選傳聞都有強烈的暗示，讀來令人心驚肉跳，深恐　國父手創的「三民主義」很快地會被各種選舉變質為「資本主義」。試想，一千萬元買一票，買十票就要一億元，像這樣當選的人他會代表社會大眾發言呢？還是代表有錢的人講話？他花的錢將來又如何回收？（可能像二十七日聯副上唐偉先生大作「監察院的門票」所預測的了）。各種選舉類此發展下去，就會變成像日本的金權政治，首相是由大財閥支持出來的傀儡；或和美國的總統為答謝支持到中國大陸推銷可口可樂一樣。似此不出十年則三民主義有被資本主義取代的危險。我們小老百姓吃了多氯聯苯和假酒，吸了媒煙和毒氣，又有誰來為我們爭取權益呢？因為保護消費者的法條如果和資本家的利益相衝突的話，很可能在議事堂裡就通不過去。

前次增額中央民意代表選舉時，我就曾為此杞人之憂請見國民黨之中樞高級長官，懇以黨的力量多舉無錢競選的賢能之士為民服務，如今選舉職司風憲的監委居然賄選的傳聞更駭人聽聞，只有借　貴報一角籲請各位龍的傳人擦亮你的眼睛，在以後任何民意

代表選舉時多投「窮賢能」一票，使代言有人，並確保三民主義的國家，大家可永永遠遠生活在幸福康強裡。

敬頌

撰安

孫大公拜上

第十二章　與兩岸領導階層談「肅貪防弊」

研究一個人，如果只看他當過甚麼官？高到甚麼階級？或做了那些大事業及其一生有多少財富？這是非常浮面的，很表象的。想要研究一個人，最須要知道他心中想甚麼？當然，這也是很難的事，但總有一些「理論」可以遵循吧！

例如，人總會想著親情友情愛情，事業前途財富或國家民族吧！不同的年齡、時代，心中盤算的重點也不一樣。年青人想著如何賺更多的錢和「把馬子」的問題，老年人想到落葉歸根等。

當我提筆要描述、研究本書這位主角時，我時時刻刻在自己心中也在探索著，這位已年近八十的銀髮先生，他心中在想甚麼？我過濾、疏理他所有的資料、文件。發現他心中最牽掛，除我每一篇所寫的，竟是「肅貪防弊」和中華民族在廿一世紀如何立足世界，或領導世界的問題。這個前提當然是中國必須是一個富強、統一、清廉而穩定的國

家，才有可能是領導國際世界的強大國家。

這是一個有趣的問題，但大約在三十年前是我心中極「嚴肅」的命題。爲甚麼說三十年前是我心中極嚴肅的命題，現在卻成了「有趣」的問題？這倒要先有些論述。

大約三十年前，那時我還是政治研究所的研究生，每次上「政治學」這門課，不論哪位教授上課，都會提起一句政治學領域的名言：「權力使人腐化，絕對的權力使人絕對腐化。」年青的心靈必然受到影響，也必然會記住教授們對這句名言的闡揚；教授們的結論都是：權力要分散，如西方民主國家的三權分立，我國的五權分立，權力若集中，如集（極）權或威權體制，必定造成腐化。

確實如此嗎？幸好我是一個「好學生」。離開學校並未離開課本，我始終在研究、讀書與寫作的路上。所出版著作中，政治領域的相關出版著作，約有三十本以上。關於國家治理和發展中出現的「腐化」（Corruption）問題，我不自言是個專家，至少是我的拿手項目。所以我看到孫大公先生對兩岸領導人大談「肅貪防弊」，使我眼睛爲之一亮。

自有政治組織形成以來，就有貪污腐化的現象，古今中外皆然。惟現代化使貪污腐化更趨向嚴重化，原因有四：

第一、現代化不僅改變了許多傳統價值觀，使得公益和私利沒有嚴明劃分，然後腐

化才日越嚴重。傳統社會中「率土之濱莫非王土」，那麼國王擁有一切是不存在貪污的問題。

第二、現代化創造更多新財富和權力來源，多和政治關係連結，用權力創作財富，有了財富也能享受權力的滋味。所以，也有學者認爲腐化乃是擁有新資源者崛起之後，圖謀在政治領域佔據一席之地的結果。

第三、現代化幾使一切都變成「商品」。吾人常聞及媒體報導，現代社會把女性「商品化」了，事實上在現代社會包括政黨、政策、競選、公職代表等，都已是高程度的商品了。存在太多的「灰色空間」，在這個「空間」裡，用政治權換取金錢，或用金錢收購政治權，只看你要的是甚麼?

第四、現代化使政府權力大幅度擴張，產生更多貪污腐化的機會。因爲政府功能涉及範圍越廣，越要權力「投射」出去，腐化

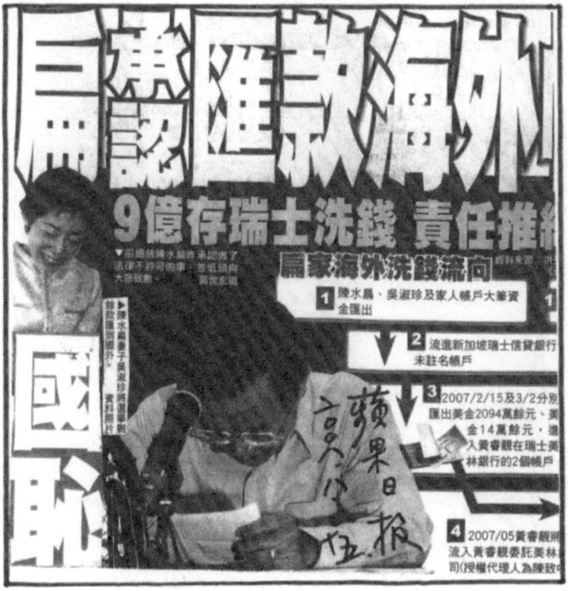

中國時報 扁家洗錢案相關被告及涉犯法條 [illegible]

被告	所涉犯罪情節	涉犯法條	羈押日期	備註
陳水扁	涉嫌侵吞國務機要費機密費、詐領機要費、洗錢、收賄。	1.偽造文書罪2.貪汙治罪條例利用職務詐取財物罪、3.侵占公有財物罪、4.收賄罪5.違反洗錢防制法。	11月11日特偵組傳喚到案聲押	
吳淑珍	涉嫌侵吞國務機要費機密費、詐領機要費、洗錢。	1.貪汙治罪條例利用職務詐取財物罪（已起訴）、侵占公有財物罪 2.違反洗錢防制法。		
陳鎮慧	涉嫌侵吞國務機要費機密費、詐領機要費、洗錢。	1.偽證罪（已起訴）2.貪汙治罪條例利用職務詐取財物罪、侵占公有財物罪3.違反洗錢防制法。	9月25日	
陳致中	開設新加坡、瑞士銀行帳戶洗錢。	洗錢防制法		
黃睿靚	開設新加坡、瑞士銀行帳戶洗錢。	洗錢防制法		
吳景茂	開設香港、新加坡銀行帳戶洗錢。	洗錢防制法	10月7日	
蔡銘哲	開設人頭戶供扁家洗錢，涉嫌擔任白手套收受力麒建設負責郭銓慶賄賂轉交扁家。	1.洗錢防制法2.貪汙治罪條例受賄罪。	10月2日	
蔡銘杰	開設人頭戶協助扁家海外洗錢。	洗錢防制法		
林德訓	涉嫌侵吞國務機要費機密費、詐領機要費、洗錢。	1.偽證罪（已起訴）2.貪汙治罪條例利用職務詐取財物罪、侵占公有財物罪3.違反洗錢防制法。	10月3日	
葉盛茂	涉嫌隱匿扁家海外洗錢公文、洩漏給陳水扁、掩護扁家洗錢	隱匿公文書罪、偽造文書、洩漏國防以外之秘密罪、圖利罪	10月6日	
郭銓慶	南港展覽館工程弊案，另提供其妹郭淑珍帳戶供扁家洗錢及行賄吳淑珍。	貪汙治罪條例行賄罪嫌	9月11日收押	10月15日轉汙點證人獲釋
余政憲	洩漏南港展覽館工程案評選委員名單給郭銓慶	貪汙治罪條例圖利罪嫌	10月15日	
邱義仁	貪汙安亞專案機密外交費用五十萬元美金	貪汙治罪條例貪汙罪嫌	10月31日	
李界木	國科會龍潭購地案收賄	貪汙治罪條例期約受賄罪嫌	10月28日	
鄭深池	幫助扁家海外洗錢	違反洗錢防治法		
馬永成	涉協助扁家詐領侵占國務機要費	貪汙治罪條例詐領公有財物罪、侵占公有財物罪	11月4日	

註一、十六名被告全部限制出境。

製表：郭良傑

機會也就乘機擴張，甚至連法律體系也腐蝕，明鏡高懸內成了藏污納垢處。

總結前四點，民主化帶來更多貪污腐化，因爲現代化約略可以和民主化拉成等號。很諷刺吧！人們一味追求民主，而民主使現代社會走向腐化，人成爲商品的一種。因此，在冷戰時期，包含美國在內的所有民主國家，都有嚴重的貪污腐化問題。

現在還有所謂「共產國家」嗎？想必都去擁抱民主了。若然，貪污腐化的腳步越來越近了。

但在中國尚有一特別時空關係，貪污腐化會很嚴重，那就是地方割據政權存在時。因爲中國歷史上的分裂似有一個短暫的「輪迴存在期」，如南北朝、民初和現在的台獨思想，其統治層級都心知肚明是短命政權，不久將被統一。有權力的人都抱著「能吃盡量吃、能撈盡量撈、吃飽快走人」的心態，二〇〇〇年台獨政權成立，貪污腐化就特別嚴重，就是明證。

起初獨派打著「民主、進步、清廉」旗號，八年下來結果呢？其第二任的四年還是靠作弊得來，幾「脫拉庫」（卡車）的罪行說之不盡，書之不完，只說貪污腐化這部份。讀者或有懷疑我白紙黑字亂寫，不客觀等等，我便剪下報紙已公開資料爲佐證，獨派整個領導階層幾全涉入貪污案，陳水扁在記者會公開承認犯行，鞠躬向人民道歉。這還只

是洗錢和已知的，未知者尚不知多少錢？這又證明貪污腐化和政治制度，或民主不民主，並無直接關係。搞台獨是假的，搞錢A錢才是真的。

理論上只有一種國家制度可以達到完全清廉，沒有貪污腐化的問題。柏拉圖在他的「理想國」一書中，論述極權主義的正義時說，如果國家健全、強大、統一，因而穩定，國家即是正義。然而，這種「國家即是正義」境界，按我的研究，在人類歷史上從未出現過。

以上我對貪污腐化的問題，從政治理論上先做疏理其要旨，因爲接下來我們要看到的，是本書主角孫大公先生在這方面的用功。多年來他「釘」著兩岸領導人和重要政治人物，寫信給他們，貢獻他認爲對「肅貪」和「廉政」的有效方法。

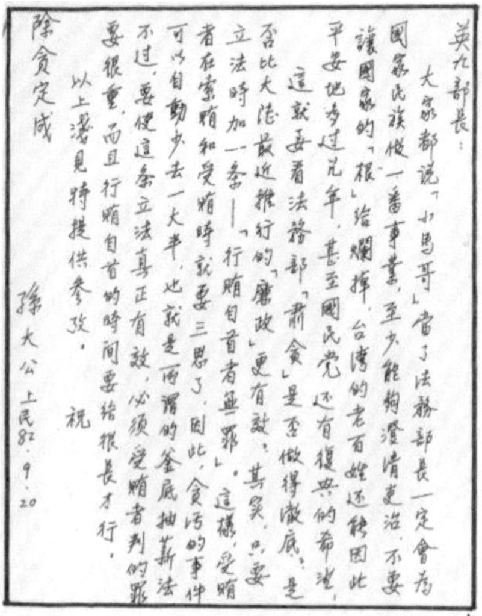

英九部長：

大家都說「小馬哥」當了法務部長一定會為國家民族做一番事業，至少能夠澄清吏治，不要讓國家的「根」給爛掉，台灣的老百姓還能因此平安地多過幾年，甚至國民黨還有復興的希望。

這就要看法務部「肅貪」是否做得徹底，是否比大陸最近推行的「廉政」更有效。其實，只要立法時加一條——「行賄自首者無罪」。這樣，受賄者在索賄和受賄時就要三思了。因此，貪污的事件可以自動少去一大半，也就是所謂的釜底抽薪法。不過，要使這條立法真正有效，必須受賄者判的罪要很重，而且行賄自首的時間要給很長才行。

以上淺見特提供參考。祝

除貪定成

孫大公　上　民82.9.20

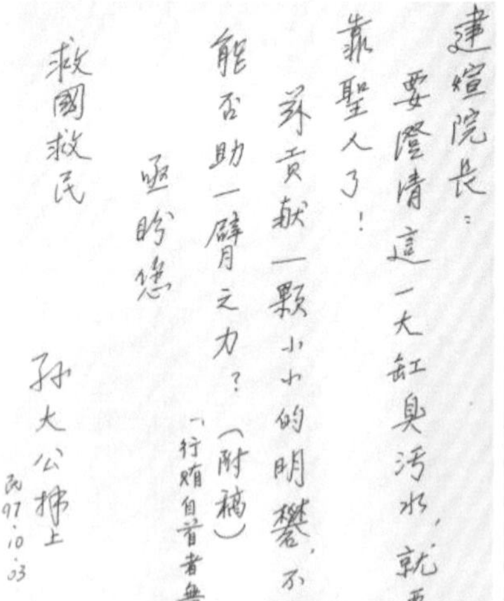

建煊院長：

要澄清這一大缸臭污水，就要靠聖人了！

為貢獻一顆小小的明礬，不知能否助一臂之力？（附稿「行賄自首者無罪」）

亟盼您

救國救民

孫大公拜上　民97.10.03

民國八十二年孫大公寫信給當時任法務部長的馬英九先生，要他徹底肅貪以救國民黨，九十七年給監察院長王建煊的信，附一篇文章如下（孫君二〇〇八年八月三十一日發表在世界日報）：

「行賄自首者無罪」之約法三章

孫大公

參天大樹的樹根被蟲蛀會倒，強大政府的基礎被公僕貪蝕會垮，舉世皆然。我們為挽救自己的政府，淨化自己的社會，就必須立些法條，訂些規範，讓我們的公僕（所謂的官員）遵守，防止貪贓枉法賄賂公行之事發生。所以，訂些易懂易行之法條（越簡單越好）嚴格執行，它的功效是無比的（漢高祖劉邦的約法三章就比秦朝多如牛毛的法律有效）。

從古至今，大小各樣的賄賂從未間斷過：一種是你不拿錢就休想過關；一種是我情願送錢給你，只求你高抬貴手。本來平平凡凡「按章行事」的事，有了賄賂就複雜起來，人民就開始痛苦起來，社會就混亂起來，國本就動搖起來，若不將「賄賂」防止或制止，一旦小洞變成大洞就難補了！因此，訂立「行賄自首者無罪」是一箭雙雕的法條：既防又制。

因為受賄者他一輩子都怕行賄者去自首，一定會「三思而後貪」，甚至你跪在

地上求他拿錢他都不敢拿，怕後遺症啊！也許有人說，這法條雖然強而有力，可以使受賄者一輩子不得安寧，但卻會增加老百姓設陷阱來整官員的機會。老百姓先是卑躬屈膝地請官員收錢，等一切難關過了以後再跑出來自首，這樣豈不是故意在坑官吏！聽起來好像有理，可是不要忘了，官員根本就不可以收受私錢的，不論是你要或他送，只要是把錢收下就是違了法，就要依法從事。如果老百姓設了陷阱而你自願往下跳，那只能怪你太貪囉！

倒過來說，假設你是個好官，有人向你行賄，你可報知上級，等他送錢來時，請司法單位現場人贓俱獲，那時他就無法「自首」了。

不過這個「行賄自首者無罪」的法條，必須訂得簡潔、有力、易懂易行，我們不妨也來個約法三章。

試擬如下：

㈠X年X月X日（註一）本法開始生效。凡自此以後發生之賄賂事件，有確鑿證據者（註二），經審查屬實，其行賄自首者無罪。

㈡此法生效以前所發生之賄賂事件，若行賄者自首，經審查證據確鑿者，視情節輕重給予減刑。

小平先生鈞鑒：

　本人去國四十餘載，去歲第一次返國，發現中國這隻沉睡的雄獅居然醒了，非但醒了而且已經邁開大步奔跑了，這真是奇蹟！因為要在短短的十幾年裡推動十幾億人從醒到走到跑，一定要有非常特殊的方法，這特殊的方法依我研究的結果是您喊出的兩句口號：

　第一句是「白猫黑猫會捉老鼠的就是好猫。」這句通俗的話一下子把冰凍多年的思想領域解凍，十幾億個頭腦都開始運轉了。

　第二句口號是「實踐是檢驗真理的唯一標準」。當大家腦子動了以後，身体不動還是不行的，所以有了第二句口號每個人都開始找隻猫試試看，這一試在找到了真理以後就勇往直前義無反顧了。

　因此，現在中國這樣地蓬勃發展，甚至可能主宰下個世紀，都是您這兩句口號的功勞！不過目前這頭雄獅是愈跑愈快，越跑越猛了，當然，這是每個人都樂意看到的，也是大家所期望的，可是我們也不願意看到這隻雄獅跑得太猛，跑不多遠就身衰力竭；或者是跑得太快，快到碰見危險都剎不住了，故此，如果在這時再提出一句口號來把社會略加規範，使這頭雄獅能知所節制而能永遠地跑下去，也許也是個不錯的想法。

　我想假設您要如此做的話，一定會提出和以前一樣好的口號。我這裡野人獻曝想到一句「秩序就是生命」作為規範社會，綿延國運的警語，不知是否太過簡單了一點？可是意義還是夠深廣的，僅以此提供參考，耽誤您寶貴的時間看這封信，盼宥！

敬頌

福壽康樂

孫大公謹上

1993年8月8日

又及：此信請勿對外公開。

(三)若行賄自首經審查屬誣告者，加重其誣告之罪。

註一：「X年X月X日」生效之日，須自公告以後，經大力宣導，而使全國皆知之緩衝期。（三至六個月）

註二：所謂「證據確鑿」是指經密告、錄音影、白紙黑字……等可查證而有公信力者。

孫君所提「行賄自首者無罪」，到底是否可行？如何行？效果如何？我無從論斷，自有主政者去從實踐中論證。反正古今以來並沒有一種「藥方」可以放諸四海而皆準者。鄧小平有句名言「不管白貓黑貓會捉老鼠的就是好貓」。

孫君以這種觀點給鄧小平寫了一封信（如上頁），贊美小平先生兩句有名的口號，一是前面的黑貓白貓論，另是「實踐是檢驗真理的唯一標準」。孫君認爲中國這頭「沉睡的雄獅」醒了，而且蓬勃發展，成爲廿一世紀的世界領導者，但孫君可能觀察到猛獅跑的太快會「失控」，因而建議鄧小平加一句「秩序就是生命」。

「秩序就是生命」，六個字講中了自鄧小平搞改革開放以來，國家發展的一切基本邏輯思維，即是所有的改革必須在和平、穩定、和諧中進行，絕對不可有造成「失控」的局面發生。套一句學術與政治常用語，就是「國家安全」和「社會安定」啦！此二者

不能有效掌控，一切都別談了，國民黨當初就是此二者失控而丟了大片江山。共產黨若不能吸取這百年經驗，真是笨到家了（幸好，我觀察現在的中共是很有智慧了！）。

孫大公還有幾封信是寫給喬石委員長、鄧樸方和現在的國家主席胡錦濤先生（均影印附陳），談的都是「行賄者自首無罪」的立法、廉政運動，以及如何使祖國富強的問題。

姑且不論這些信是否產生了預期效果，對國家民族的關愛、熱情，就叫人心生敬佩之情。如他給鄧樸方的信末段「我今年已七十四歲(二〇〇六年），垂垂老矣，不過愛國之心從不敢後人，特附上人我之兩篇文章就可知我愛中華民族之初衷了。」

在他給胡主席的信，最後也是「愛國之心

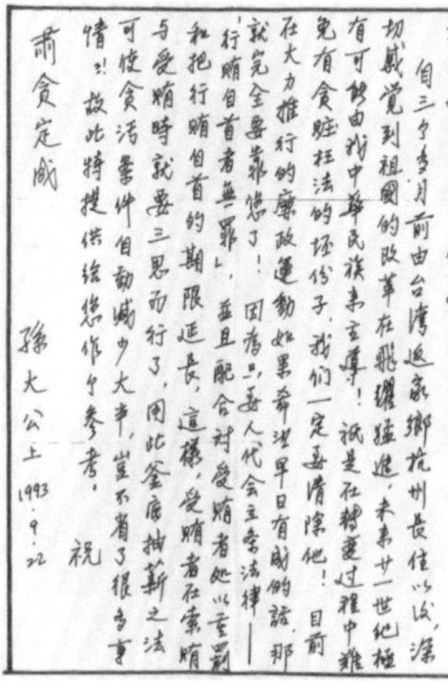
喬石委員長： 您好！
自三个多月前由台灣返家鄉杭州長住以後，深切感覺到祖國的改革在飛躍猛進，未來廿一世紀極有可能由我中華民族來主導！祇是在轉變过程中難免有貪贓枉法的坏份子，我们一定要清除他！目前在大力推行的廉政運動如果希望早日有成的話，那就完全要靠您了！因為只要人代会立条法律——「行賄自首者無罪」，並且配合对受賄者処以重罰和把行賄自首的期限延長，這樣，受賄者在索賄与受賄時就要三思而行了，因此釜底抽薪之法可使貪污案件自動減少大半，豈不省了很多事情？！故此特提供给您作个參考。
祝
肅貪定成
孫大公上
1993.9.22

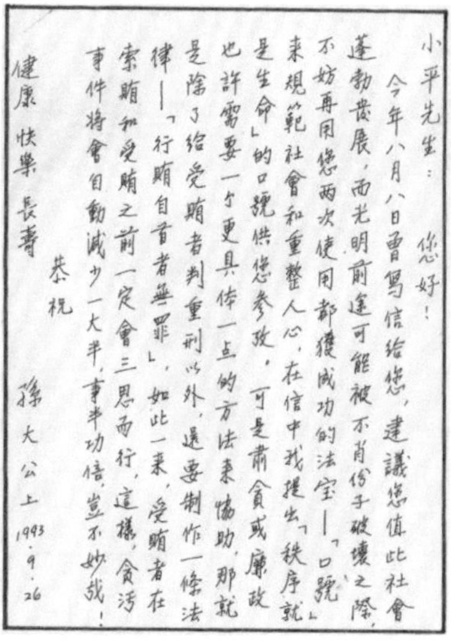
小平先生： 您好！
今年八月八日曾寫信給您，建議您值此社會蓬勃發展，而光明前途可能被不肖份子破壞之際，不妨再用您兩次使用都獲成功的法宝——「口號」來規範社會和重整人心，在信中我提出「秩序就是生命」的口號供您參考，可是肅貪或廉政也許需要一个更具体一点的方法來協助，那就是除了給受賄者判重刑以外，還要制作一條法律——「行賄自首者無罪」，如此一來，受賄者在索賄和受賄之前一定會三思而行，這樣，貪污事件將會自動減少一大半，事半功倍，豈不妙哉！
恭祝
健康 快樂 長壽
孫大公上
1993.9.26

撲方先生：你好！

每到國家有重要事情的時侯，我都想把一己的愚見貢献给对國家有影响力的人，心想也許這樣会对國家有所助益，尽些匹夫之責，於是就很冒昧地寫了這封信。

回憶我當年剛回祖國的時侯，也曾有感而發地寫了兩封信给令尊（附影本），為的也是希望國家日新又新，成為國強民富的中國！

可是人心貪婪自古已然，而且是世界通病，雖然各國都在肅貪，但成效不張，如果任其漫延，根爛以後樹就倒了，因此不揣冒昧，再次提出訂立一个法条──「行贿自首者無罪」──作為遏止政風敗壞之法宝，不知先生以為然否?!

（劉[illegible] 中國殘障[illegible]主席）

P1

目前残障人士是社会上之弱者，很難得到应有之福利，知道先生仗義執言為大众谋利，实在感佩！但是希望能擴大範圍為全國的民众谋利，使中國成為二十一世纪之先導者，则將来先生必在歷史上有一席之地。

我今年已七十四歲，垂、垂、老矣，不过愛國之心從不敢後人，特附上人、我之兩篇文章就可知我愛中華民族之初衷了。

敬祝

健康快樂

孫大公謹上

2006.12.11

P2

錦涛主席勛鑒：

觀諸近日政府大力肅貪，可謂亡羊補牢，未為晚也。否则根爛樹倒就来不及了。有謂「量吏」则「质吏」，如果僅有少数高官貪腐，尚可殺鷄儆猴，倘若大众跟着学樣，等「量吏」時就難以收拾了！

前曾建議立一法条「行贿自首者無罪」作為「堵漏洞」或称「預打防疫針」之辦法，实為防止貪腐泛滥之一道防波堤，若能迅速澈底執行，可以很快遏止贿賂罪行。其实行之不難，效法劉邦簡而有力的约法三章即可。試拟如下：

(一) ○年○月○日（註一）本法开始生效。凡自此日以後發生之贿賂事件，有确鑿証据者（註二），經審查属实，其行贿自首者無罪。

(二) 此法生效之日以前所發生之贿賂事件，若行贿者自首，經審查証据确鑿者，視情節輕重給予减刑。

(三) 若行贿自首經審查属誣告者，加重其誣告之罪。

註一：「○年○月○日」生效之日，須自公告之日以後，經大力宣傳，而使「全國皆知」之緩冲期。（例：三个月）

註二：所謂「証据确鑿」是指經签告、録音影、白纸黑字、……等可查証而有公信力者。

此法生效後，若能在全國重点地区嚴属执行一年，则有数年可以清淨，甚或数十年。

愛國之心驅使我不斷地嘮叨，不避叱責，实在是望鉄成鋼啊！

敬頌

新年新政

政躬康泰

嘮叨叟

孫大公謹上

2007.01.01

P2

驅使我不斷地嘮叨，不避叱責，實在是望鐵成鋼啊！」最後落款他乾脆自稱「嘮叨叟孫大公」。孫君不僅忠誠、愛國、愛五千年中華民族與文化，他的愛是多麼可愛啊！他牽掛著廿一世紀是中國人的世紀，他嘮叨的是廿一世紀中華民族要成爲世界各民族的領航人。而「貪腐」是對國家民族，乃至社會、人心最大的傷害，就算中國成爲世界領航人是廿一世紀的必然，孫君還是擔心大家「樂」過頭，故建議再加「秩序就是生命」這樣的口號。

我與孫君亦有同感，有些同胞以爲中國起來了，有錢了，便一副暴發戶的心態，若成爲普遍觀念確實對國家有傷。小平同志也多次提醒「不要太早把頭伸出來」，我個人的著作也多所闡揚。自廿世紀末葉以來，「中國學」成爲國際政治和戰略之顯學。戰略學者譚門（Ronald L. Tammen）等著「權力轉移：廿一世紀的戰略」（Power Transitions: Strategies for the 21 Century）一書，認爲問題不是中國是否將成爲全球最強大的國家，而是要花多少時間達到此一地位……所以中國人仍應默默審慎地耕耘。

根據戰略上的研究，對強權興衰之起落評量，及中國總體國力（即政、軍、經、心四大國力之總和）現狀發展，大約二〇五〇年左右，中國總體國力才會超越美國，最樂觀也在三四十年間。近來中國各地因受深圳富士康、佛山本田罷工影響，各地開始有勞工

運動，經濟及社會學家認爲是經濟轉型的標誌，也是中國要變成富國的「關鍵帶」。在中國崛起成爲世界級領導大國及統一之前夕，有無數個像孫大公這樣的中華子民，無怨無悔的爲自己祖國、民族付出，做出努力，做出貢獻，廿一世紀必然是我們中國人的世紀。

本書寫作期間，巧遇「陳水扁家族貪污洗錢案」爆發，是一個活生生的引用案例，證明分離主義的本質在撈錢。二〇一〇年六月，陳水扁家族貪污案完成二審判決。本案雖是台灣人民的災難，卻也是千年難有「肅貪防弊」的好教材，我選入三個剪報給讀者參考，孫大公先生不斷嘮叨兩岸領導人，希望「行賄者自首無罪」，似乎已在本案有些「影子」。由讀者自行觀察、判斷、也自行「自由心證」。

但剪報之一「辜仲諒奉送三億　高院判扁珍無罪」。也真是神奇（離奇），扁珍若非用大權施壓，或辜某主動，都因扁珍高坐大位，才有許多黑心商人送錢來，且行賄三

求交保　扁願匯回另筆5.7億

人間福報　二〇一〇．六．十二

【本報台北訊】台灣高等法院昨天二審宣判扁家四大案，並提訊前總統陳水扁開延押庭。陳水扁當庭保證，只要能交保，另一筆存在海外的新台幣五億七千萬元資產，也一定比照海角七億匯回；經過兩個小時激辯，法官仍將陳水扁暫時還押看守所，由合議庭擇期裁定是否延押。

扁家在瑞士遭凍結資產，除最早曝光的瑞士美林銀行、蘇格蘭皇家銀行帳戶共約兩千一百萬美元（約新台幣七億元）外，特偵組另查出扁家存放國泰世華銀行保管室的新台幣七億四千萬元現金中，有五億七千萬元透過元大馬家匯往瑞士威格林銀行，這五億七千萬元疑爲企業行賄，但扁家一直避而不提。

陳水扁昨天在庭中首度表示，這五億七千萬元與扁家四大案無關，是政治獻金，並非犯罪所得，但只要能交保，一定會在一周內完成相關手續，要陳致中依特偵組指示，配合簽署相關文件，比照本案的兩千一百萬美元匯回。

律師團也指出，扁家瑞士的兩千一百萬美元，至今已匯回一千四百五十二萬餘元，已盡最大努力配合，扁家在瑞士縱有巨款，也遭瑞士檢方查扣，無法如特偵組指控「逃亡至海外享優渥生活」，已無羈押扁的必要。

檢方則要求合議庭審酌，爲確保全案未來三審定讞，相關被告得以被執行相關刑罰，仍需羈押陳水扁。

合議庭訊後諭知，擇期以書面公布裁定結果。

億必要撈回十億才夠本。否則辜某的三億為何不送我這窮作家，或贈本書主角孫大公，因為我們沒有高坐權力頂層的大位。台灣的高院如此判決，豈不鼓舞所有公職人員如此「複製」，可以大大A錢而無罪！

另一剪報「求交保　扁願匯回另筆五點七億」，這是極可能形成的。天啊！這是瑞士藏七億之外，另又發現的一筆，其他不知多少。關鍵在扁家已先把錢A走了，現在東窗事發，於是用A

有貪汙 沒侵占 扁珍無期改20年

二審宣判 國務費從寬認定 扁被批「敗壞官箴」 珍被指「反覆洗錢」避查緝

【本報台北訊】扁家四大案昨天二審宣判，前總統陳水扁、吳淑珍夫婦由一審無期徒刑，改判為二十年，關鍵在於國務費案，一審認定的侵占公款部分，台灣高等法院合議庭採取較寬鬆態度，判定扁珍貪汙金額僅二千四百萬元，遠較一審的一億餘元少。

法官重批，陳水扁位高權重，應督促家人、親信嚴守公私分際，卻敗壞官箴，以金錢交易牟利私囊。吳淑珍身為總統夫人非但不能力求清廉，反納公為私，公款家用，藉權勢地位獲取巨額私利，利用金融工具反覆洗錢，意圖要掩飾、隱匿，讓檢察機關難以查緝。

陳水扁、吳淑珍等人因分別在國務費、龍潭購地、南港展覽館，前台北一○一董事長陳敏薰給千萬賣官等案被控貪汙、洗錢，台北地方法院去年九月十一日判扁、珍應合併執行無期徒刑，褫奪公權終身，並對扁珍分別併科兩億、三億元罰金。

昨天高院二審宣判，與一審宣判有很大出入，高院合議庭對扁珍等人侵占機密費，詐領非機密費從寬認定係「因公支出」，只要是與總統職務相關的費用，都不算是侵占公款，貪汙金額僅為一千四百餘萬元。

由於在扁被控以不實憑證清冊詐領國務費部分，合議庭只論以行使偽造文書罪，因此前總統府專員陳鎮慧二審改認定構成偽造文書罪，改判七月，給予緩刑兩年。

洗錢罪部分，陳水扁因未遭起訴而無刑責，審判長鄧振球認為陳致中在洗錢犯行中，居主導地位，因此並未宣告陳致中緩刑。

至於黃睿靚於一審時，被判緩刑前提應向國庫支付的兩億元罰金，二審認為與其科以不可能履行的天文數字，還不如判可實際支付的數額，因此將應繳交的緩刑附條件罰金，減為一千萬元。

龍潭購地案中侵占部分，合議庭改為認定陳水扁在此案中有行使總統職務，並收受賄賂。

南港展覽館案，吳淑珍由原先十八年減為十六年，力麒建設負責人郭銓慶獲改判免刑，前竹科管理局長李界木獲得減刑五年，陳水扁的心腹幕僚馬永成、林德訓依然有罪，其中，林德訓於二審宣判後，刑期變得比馬永成還重。

前中信金控副董事長辜仲諒給扁家三億元部分，高院合議庭認定沒有貪汙、圖利事證，維持無罪原判。扁珍收賄陳敏薰給款買官案，也維持原審八年的刑度。

扁家四大弊案宣判一覽

被告	一審判決	二審判決
陳水扁	•無期徒刑 •併科罰金2億 •褫奪公權終身	•有期徒刑20年 •併科罰金1.7億 •褫奪公權10年
吳淑珍	•無期徒刑 •併科罰金3億 •褫奪公權終身	•有期徒刑20年 •併科罰金2億 •褫奪公權10年
陳致中	•判刑2年6個月 •罰金1.5億	•判刑1年2個月 •罰金3千萬 •不予緩刑
黃睿靚	•判刑1年8個月 •罰金1.5億 •緩刑5年（附條件罰金2億元）	•判刑1年 •罰金2千萬 •緩刑4年（附條件罰金1千萬）
林德訓	•判刑16年 •褫奪公權8年	•判刑12年6個月 •褫奪公權5年
馬永成	•判刑20年 •褫奪公權10年	•判刑14年6個月 •褫奪公權5年
陳鎮慧	免刑	•判刑7個月 •緩刑2年

人間福報　2010.六.十二.

辜仲諒奉送3億 高院判扁珍無罪

2010.6.12.

陳志賢／台北報導

前中信金控副董事長辜仲諒給扁家三億元，檢方起訴扁珍圖利罪及違反政治獻金法，雖然辜仲諒也曾在法庭上宣稱，給扁家巨款是「不樂之捐」，但高院認為沒有對價關係，並且扁所違反的政治獻金法只是行政罰，昨天駁回檢方上訴，維持無罪原判。

檢察官指控辜仲諒交付予扁珍二億九千萬元部分，高院認定是政治獻金，這筆錢不屬於貪汙犯罪所得，也不構成洗錢犯罪構成要件。另辜在通緝逃亡時給予扁的一千萬，高院認為辜是遭檢方通緝，無法證明與扁有關。

檢方調查，辜仲諒致贈扁珍八筆，共計三億元款項，九十三年四月施行政治獻金法後，明訂政黨代表人未經許可設立專戶，不能收受政治獻金，當時民進黨主席的陳水扁，與妻子吳淑珍仍以政治獻金名義，向辜仲諒要錢，已違反政治獻金法。

而且由於辜曾在法庭上公開宣稱，給扁家的巨款是「不樂之捐」，但他並未感受到被扁家「勒索」的感覺，因此檢方認定，扁珍利用辜仲諒多次交付政治獻金機會，暗中中飽私囊，涉嫌圖利扁家三億元。

不過，合議庭認定，辜仲諒捐錢給扁珍，純粹認同扁珍之理想，雖然有搭攀關係之企圖、尋求心安之意味，但他沒有針對具體事務或政策，期盼扁珍利用總統職權發揮影響力，因此辜仲諒給扁家三億元，是屬於政治獻金。由於欠缺貪汙的犯罪對價關係，加上也沒有扁圖利的事證，因此駁回檢方的上訴。

責任編輯／潘富堅　美編／蔡豐濱

中國時報

的錢和司法談條件，謂錢交出來換取人交保（甚至判無罪），若成立了，對公職人員也是鼓舞，大家可以A錢，事發再把錢「吐」出來也是無罪；若未事發呢？或事發時人已在他國享福，不知台灣的法界人士心中，還存在多少「正義感」？

扁案的判決也正在考驗台灣這個社會，到底是何種社會？移民社會、篡竊社會、人吃人的社會、不適人居的社會……或有文化芳香，有正義的社會？距孫大公先生對兩岸領導人期許的「清廉」社會，到底是越來越遠，還是越來越近了！

從報上得知扁案的二審宣判也是無理頭，法官指責扁珍「位高權重，本應廉潔自持，並應敦促家人親信避免以權牟利，以私害公，辱壞官箴，導致社會價值觀及行爲觀紊亂。」如此口頭嚴厲指摘，量刑怎又大幅度降低，毫無道理可言。更可議的是龍潭購地案中的李界木，從一審判刑六年，減爲兩年，再緩刑五年，等於一天牢都不用坐（等同無罪）。合議庭的原因說他「年事已高」，且已繳回三千萬賄款，應有「知所悔悟」。

所謂「年事已高」有多高？李界木犯案時六十多歲，現在剛過七十。而就在去年台北一位台鐵老員工九十六歲了，被控「長期佔據宿舍」，以竊盜罪判刑三個月，上演了「人瑞微罪入監」，那是公家給他的宿舍，他住了一輩子，九十六歲了，能再住幾天，法官何曾想到九十六歲的老翁才是「年歲已高」。比較李界木的「無罪」，不得不讓人

直覺推論，法官和李界木同是台獨份子，且法界可能也有法官正在爲扁案「脫困」，一步步讓扁珍都無罪，因爲他們是同黨的，要做到「天衣無縫」的地步。

事實上，法官也有獨派信仰者，大可判扁案無罪，扁珍等照過著國王般生活，因爲他們是一丘之貉，A的錢多少，是爲台獨而A。爲台灣人民而A錢，並用於台灣人民，這當然是無罪。

第十三章　從「三一九弊案」到「二〇〇八法統重光」

——畢生與役最漂亮的一仗

中國歷史之所以能代代傳承，綿遠幾千年而不斷，以法統和道統爲正統的春秋思想是極重要的元素。吾人可以斷言，若無「法統、道統、正統」之束約，中國今日恐如歐洲之戰國林立；而歐洲經過兩千年之分裂戰爭，直到近幾十年開始想要完成一個「大一統的歐洲」——「歐洲共和國」，而此項大工程，中國在二千多年前的秦朝已完工，當時法家依循統一的思想指導，竟是儒家的法統和正統觀。

「法統」用現代術語說即「合法政權」，乃合法統治或合法性（Legitimacy）。但「合法性」和「合法」不竟然相同，（註一）前者爲治者與被治者有共同信念，故能得人民的支持，成爲合法的統治者，後者未必是。

合法性之相對爲僭奪、爲政變、爲造反、爲竊國，因其爲「非法政權」，故難求其

安穩和長治久安，不久又被正義力量推翻，史家記曰：「法統重光」。民初由中山先生與蔣公等人領導之倒袁、護法、北伐，其成功後，春秋之筆便記下「法統重光」之史事。

公元二〇〇八年三月二十日，馬英九在大選中獲得空前勝利。數月後，國內學術界在台大召開「對馬英九政府的期待」，其主軸即「撥亂反正、法統重光」。（註二）意即之前的陳水扁政權是「非法、不法」政權，「三一九作弊」是竊國行爲，當然是，是活生生的小偷行爲，根本也談不上合法或合法性。但這個不法統治者，硬生生的存在了八年，就像歷史上一段短短的「長夜」。只是長夜不論多長，很快會天亮，竊國者開始付出代價。

也許人性使然，古今中外的歷史總是光明與黑暗交織著，合法與非法，貪腐與清廉，永恆的勢不兩立和鬥爭。

有時候黑暗勢力高漲，國家動亂四起，分裂爭戰不息，身爲政權領導人而公然洗錢、貪污，如台灣之陳水扁，又如前瓜地馬

一個老百姓的心聲

各位同胞:

多年前選舉立法委員時，我自費在報上刊登了一封信，提醒大家要選賢與能.

如今到了影響國家民族前途深遠的總統選舉，我希望大家在舖天盖地的競選宣傳中衝出來，站在一旁，非常冷静地想一想:我們國家的現狀，我們對未來的期望：誰能真正保護國家的安全？誰是真正把人民的福利擺在他個人的利益之前？不要被誘人的口號所騙，不要被意識形態所左右．　你手中神聖的一票，其實掌握了你自己的未來，要極端慎重！要三思而後投！

祝福

我們的國家和同胞有個美好的明天

孫大公敬啟

2004年3月17日寫

拉總統波蒂佑。當然，貪腐政權在歷史上總不絕跡，但也總不長久，註定是「短命政權」。

歷史正義還是存在的，或說絕大多數人的良知良能是存在的比較具體。而在廣大有良知的人民群眾中，少數有春秋大義氣節的精英份子，承擔了「忠臣義士」的角色和功能。因為他們的努力奮鬥對群眾的影響，終使分離主義、地方割據等貪腐政權，成為「短命政權」。

台灣在公元二千年台獨得勢，二○○四年又用作弊手段製造「三一九槍擊弊案」，欺騙人民，但這個「不法政權」，貪腐、非法的獨

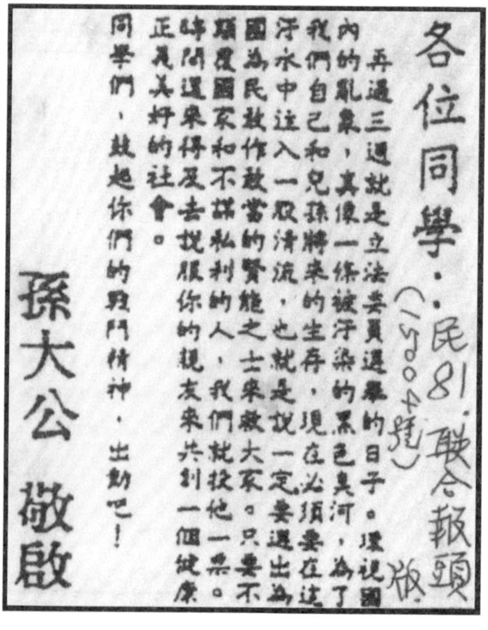

各位同學：

（1504號）民81.聯合報頭版

再過三週就是立法委員選舉的日子。環視國內的亂象，真像一條被汙染的黑色臭河，為了我們自己和兒孫將來的生存，現在必須要在這汙水中注入一股清流，也就是說一定要選出為國為民敢作敢當的賢能之士來救大家。只要不顛覆國家和不謀私利的人，我們就投他一票。時間還來得及去說服你的親友來共創一個健康正義美好的社會。

同學們，鼓起你們的戰鬥精神，出動吧！

孫大公 敬啟

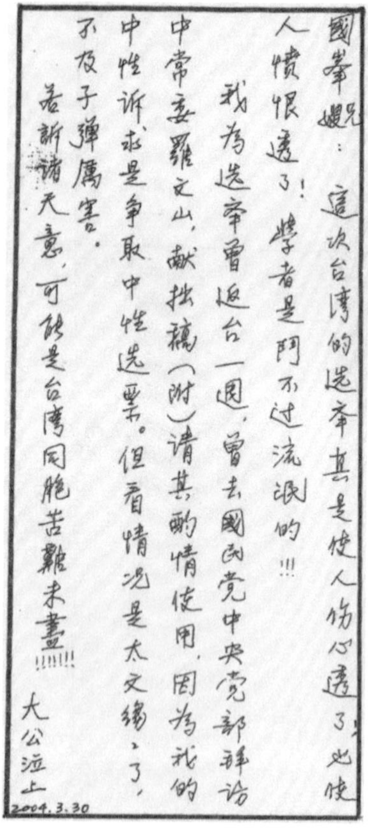

國峯兄嫂：這次台灣的選舉真是使人傷心透了，也使人憤恨透了！學者是鬥不過流氓的!!!

我為選舉曾返台一週，曾去國民党中央党部拜訪中常委羅文山，獻拙稿（附）請其酌情使用，因為我的中性訴求是爭取中性選票。但看情況是太文縐縐了，不及子彈厲害。

若訴諸天意，可能是台灣同胞苦難未盡!!!!!!

大公 泣上

2004.3.30

派集團，終究逃不出「短命政權」鐵律。讓歷史回到常態，使「法統重光」，我們要頌讚許多打贏「二〇〇八法統重光」這一仗的忠臣義士們，孫大公先生是參與是役的地區領導人之一。本文之重點，在重建是役經過，了解孫君參與「法統重光」一戰之心路歷程。

似乎台灣重要選舉孫君從未缺席，除投下神聖一票，也出錢出力。民國八十一年立委選舉，事前三週他開始在聯合報頭版刊廣告，

二〇〇七年六月十八日 星期一 MONDAY, JUNE 18, 2007　世界日報

陸官校友慶祝校慶 四海同心會授旗

陸軍軍官學校南加州旅美同學會17日於亞凱迪亞活動中心(Community Center)舉辦慶祝83周年校慶活動，並舉辦「中華黃埔四海同心會」授旗儀式。

「中華黃埔四海同心會」北美總監孫大公（右一）致詞並將會旗交給陸軍軍官學校同學會會長李德舜（左二）。孫大公表示，新成立的四海同心會其實源自台灣，已有多年歷史。現在發展到北美，在洛杉磯、紐約、休士頓和舊金山成立四個分會。現仍在招會員。

聯絡電話：626-915-2367。

圖與文／記者馬雲

告訴大家用選票來改變被污染的社會。

「三一九弊案」前夕（二〇〇四年三月十七日），他發表一篇文章，提醒大家不要被誘人的口號欺騙，當然事與願違，一天多後「三一九作弊案」爆發了。多日後，孫君給他的朋友國峰兄嫂修書，謂學者鬥不過流氓，台灣同胞苦難未盡（均如附印）。

大公總監：您好！

英九的「愛鄉向前行」台北市行程，很高興在三軍軍官俱樂部與您相見，感謝您對馬、蕭的支持，您的期盼，我銘記在心，也懇請您在海內外發揮黃埔精神，讓我們一起努力，使2008政黨輪替的願景如期實現。

在榮民節的這一天，我們紀念黃埔老校長蔣公的誕辰，當知蔣公對台灣的三大貢獻，一是光復台灣，因為蔣公的堅持，台灣才能重回中華民國的懷抱；二是保衛台灣，因為八二三砲戰、古寧頭戰役的捷報，確保台澎金馬的安全；三是建設台灣，因為實施地方自治、耕者有其田、九年國民義務教育，提升女權地位……，台灣得以繁榮，創造經濟奇蹟。

七年多來，民進黨政府讓台灣人民苦不堪言，陳水扁口口聲聲說拚經濟，結果是拚他一人一家的經濟，罔顧全民經濟，協助親綠財團撤錢，又執行鎖國政策，逼使許多人活不下去而燒炭自殺，更在意識形態作祟下，操弄族群，挑起衝突，激化對立，完全將人民福祉置之度外。

台灣走到這步田地，誰能袖手旁觀？為了二千三百萬人的未來，我願以大無畏的精神迎接挑戰，「終結痛苦，振興經濟」，同時找回台灣的核心價值，恢復台灣原有的尊嚴。

二〇〇八年總統大選，需要您的大力支持，更盼望得到您的指導，特請前台中縣長廖了以先生專責處理，日後凡有建言及指教，請與他聯絡並不吝賜教，拜託您！感謝您！　敬祝

闔家平安！

萬事如意！

馬英九　敬上

中華民國九十六年十一月十九日

三一九的作弊手法，給泛藍甚至多數台灣人民很大刺激，因爲這是「百年笑話」、「千年國恥」啊！當然，對原本存有小偷心態的台獨思維者，認爲「得來全不費工夫」，並無可恥之心。極少有小偷會認爲自己是小偷，不過是「未經同意就拿來」吧！

對泛藍、中間選民、淡綠的刺激、可能不是一個「恥」字可以形容，至少有「恥」

感能讓人圖強奮發，讓很多人覺悟、覺醒，因而，「二〇〇八法統重光」之戰，各行各業各領城很早啓動了。

二〇〇七年六月十八日世界日報報導，陸軍官校南加州旅美同學會，十七日於亞凱迪亞活動中心（Community Center），舉辦慶祝八十三周年校慶活動，同時舉行「中華黃埔四海同心會」授旗儀式。孫大公先生時任同心會之總監，他把會旗交給陸軍官校同學會會長李德舜（剪報照片左二），孫大公先生（右一）致詞表

台灣現在被一群狐群狗党在統治，一大群見不得天日的老鼠在捧場，和一个日本雜种在暗中支持，真是「邪」到了十八層地獄！

國民党的小馬哥（馬英九先生）有正義之氣，有浩然正氣，是真正純粹的「正」。

所以，最終是邪不勝正!!!

國民党撥雲見日，中華民國得慶重生！

親愛的同胞們：

我們有幸從台灣到了美國，回望仍在台灣的親朋好友處在政治腐敗，經濟不振，生活苦悶的環境中，總覺得應該助他們一臂之力，使台灣能恢復國民黨時代做四小龍之首人民能安居樂業，不再有人全家燒炭，不再有人全家 A 錢．　其實這樣的想法很容易做到，只要協助他們選出一個正氣磅礡爲國爲民的好總統----馬英九先生，由他來領導台灣同胞全力衝刺，不出數年就會全面改觀，我們會很高興爲他們盡了一份心力！

所以，在三月份總統選舉之前，我們大家要聯合起來，有錢出錢，有力出力，最好是回台灣投上神聖的一票，不然就在這裡參加馬蕭後援會，給予精神上的支援．

我們在洛杉磯設有"返台投票服務處"，各位如有需要請與　高啓正（ROY.KAO）連絡（TEL 626-945-5742）．

中華黃埔四海同心會--美國馬蕭後援會
總會　　　　會長　孫大公　敬啓

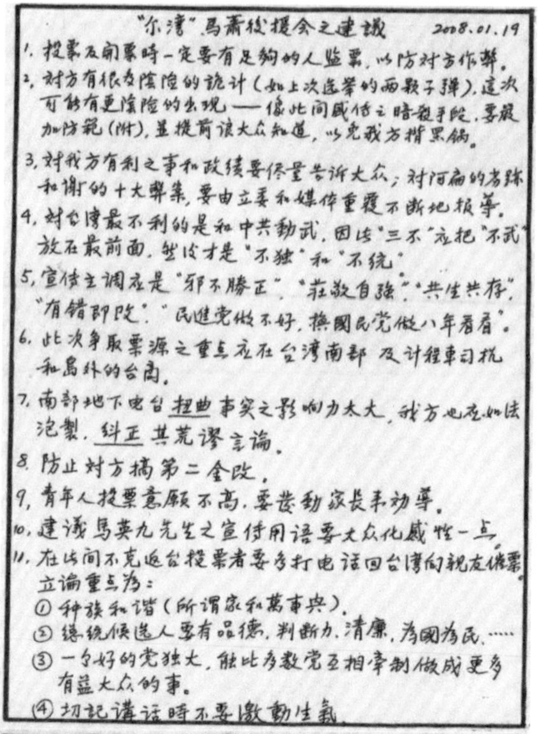
"尔湾"馬蕭後援会之建議　2008.01.19

1. 投票及開票時一定要有足夠的人監票，以防对方作弊。
2. 对方有很多陰險的詭计（如上次选举的兩顆子彈），這次可能有更陰險的出现——像此间盛传之暗殺手段，要嚴加防範（附），並提前讓大众知道，以免我方揹黑鍋。
3. 对我方有利之事和政绩要儘量告訴大众；对阿扁的貪腐和谢的十大弊案，要由立委和媒体重覆不断地报導。
4. 对台湾最不利的是和中共動武，因此"三不"应把"不武"放在最前面，然後才是"不独"和"不统"。
5. 宣传主调应是"邪不勝正"、"莊敬自強"、"共生共存"、"有错即改"、"民進党做不好，换國民党做八年看看"。
6. 此次争取票源之重点应在台湾南部及计程車司机和島外的台商。
7. 南部地下电台扭曲事实之影响力太大，我方也应如法泡製，纠正其荒谬言論。
8. 防止对方搞第二金改。
9. 青年人投票意願不高，要發動家長来劝導。
10. 建議馬英九先生之宣传用语要大众化感性一点。
11. 在此间不克返台投票者要多打电话回台湾向親友催票，立論重点為：
① 种族和谐（所谓家和萬事興）。
② 總统候选人要有品德，判断力，清廉，為國為民……
③ 一个好的党独大，能比多数党互相牵制做成更多有益大众的事。
④ 切記講话時不要激動生氣

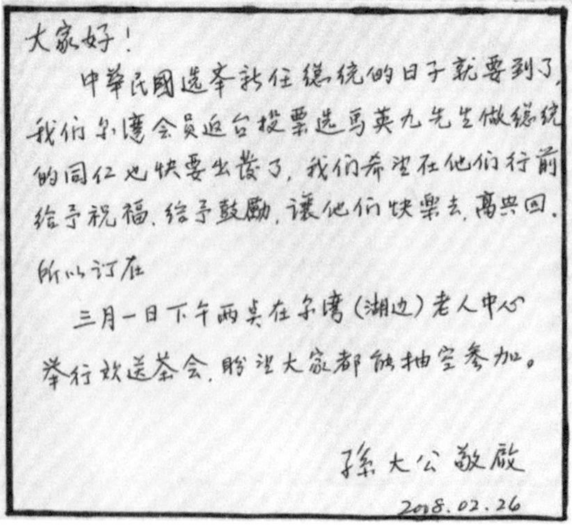
大家好！

中華民國選舉新任總统的日子就要到了，我们尔湾会员返台投票选馬英九先生做總统的同仁也快要出發了，我们希望在他们行前给予祝福，给予鼓勵，让他们快樂去，高興回。

所以订在

三月一日下午兩点在尔湾（湖边）老人中心举行欢送茶会，盼望大家都能抽空参加。

孫大公敬啟
2008.02.26

示，新成立的四海同心會源自台灣，已有多年歷史，全美各地正在推動成立分會。

此後數月，孫大公爲配合國內的馬蕭競選活動，往來於美國和台灣之間。民國九十六年（二〇〇七）底，馬英九的「愛鄉向前行」行程到台北市，孫大公在三軍軍官俱樂部與當時馬英九先生一見，這一見的談話重點當然是「二〇〇八法統重光」大事，同年

十一月十九日，馬英九給孫大公一函（如附印），「大公總監：您好……」，信中說的都是天經地義的事，先提蔣公對台灣的三大貢獻，話鋒一轉再述陳水扁家族貪污案和鎖國政策，協助親綠財團搬錢，造成台灣內部分裂等等。這樣的「正反論述」，如一把神劍，也是一支春秋筆，剖開黑白，區隔了天使與魔鬼的不同。

而孫大公先生雖一把年紀了，也是拼老命「幹活」，在各地配合馬蕭活動，在僑居地造勢，用各種方式和管道發出正義的呼聲（如幾張附印手稿）。那段時間，筆者回憶參加台灣大學、軍校同學、退伍軍人、中國文藝協會……許多組織，還有工商總會、中小企業、教育

世界日報 2008.3.3 B3版

近千僑胞助陣 馬蕭造勢大會強強滾

高呼口號 揮舞旗幟、唱歌 許多人將返台投票

【本報記者王善言工業市報導】台灣總統大選在即，南加州全僑支持馬英九蕭萬長競選中華民國第12任正副總統造勢大會，2日下午2時在工業市舉行，七、八百名僑胞呼喊口號、唱歌，表達擁護馬蕭。

來自爾灣的陳余愛群與兩個女兒陳婉儀、陳婉茵一起前來造勢。陳余愛群表示，3日將提前返台，準備在總統大選投下神聖一票。陳余愛群說，沒有人比馬英九更勝任總統，相信馬英九、蕭萬長一定會將台灣帶往康莊大道，成為亞洲四小龍之首。

定居洛杉磯市的王寧雲、徐秀月夫妻滿腔熱血、準備「出征」。3日提前搭機返台的王寧雲，移民美國12年，但「身在美國、心在台灣」。他說，台灣經濟讓人著急。

由於工作關係、18日才返台的徐秀月說，選舉候選人應端出牛肉，闡述治國之道。但她尚未看到民進黨候選人謝長廷腳踏實地這麼做，反而在其他無關痛癢議題大作文章，現在竟扯出馬英九妻子偷報紙，簡直笑死人。

李長科、李秦清夫妻很關心台灣，雖然無法返台投票，仍到場聲援其他即將返台投票者。李長科說，妻子會看相，看準馬英九一定當選總統。

馬英九、蕭萬長競選南加州助選總幹事高啓正說，馬英九與謝長廷的總統之爭，目前被人比喻為「笨蛋與壞蛋」之爭。但肯定馬英九絕對不是笨蛋，只是他不喜歡打口水戰。倒是謝長廷未看到提出任何有力政見，反而在雞毛蒜皮議題大作文章，本末倒置。

拉斯維加斯資訊報 2008.03.20

本市中華黃埔聯誼會馬蕭後援會
助選團返台即展開助選活動

（畢鵬岐來稿）拉斯維加中華黃埔聯誼會馬蕭後援會返國助選團成員：王仲穎、陳菁渝、陳朗華、蔣汝蓁、劉玉玲、黃甫秀中、鮑銘偉、苗豐材、鄭玉芝、畢鵬岐、陳吉生、徐佩穎等一行十餘人，於三月十八日搭乘韓航班機直達台北桃園中正機場並立即展開助選活動。圖為助選團抵達台北後攝於桃園中正機場。

拉斯維加資訊報 2008.03.13

中華黃埔聯誼會呼籲返台投票者拒領公投票

（Las Vegas中華黃埔聯誼會畢鵬岐會長來稿）拉斯維加斯中華黃埔聯誼會馬蕭後援會成員：皇甫秀中、王仲穎、陳菁渝、畢鵬岐等十餘人預定本地時間三月十六日晚組團返台參加海外僑胞返台挺馬蕭造勢大會，凡本地泛藍朋友同日搭乘韓航班機返台者請於當晚九時卅分在麥卡倫機場第二航站韓航櫃檯前集結，協商參加挺馬蕭造勢活動事宜，並呼籲所有返國投票支持馬蕭朋友拒領任何公投票。

界、台北文藝……。無數的熱情朋友，大家「志同道合」，打倒貪腐的台獨偽政權，使「二〇〇八法統重光」，讓歷史走回正軌吧！我與孫君雖少有見面機會，但心中一樣感動，感受著歷史的正義將重臨台灣。

大選時間一步步來臨，內行看「戰略態勢」，就知道貪腐的獨派不法政權，正在崩潰的臨界點上。原因我們須回顧二〇〇八年的元月，在台灣地區到底發生了甚麼事？

二〇〇八年元月十二日，是台灣地區立法委員選舉，泛藍得到空前大勝利，獨派可用「兵敗如山倒」形容。這是兩個月後大選的「緒戰」，陳水扁偽政權「敗象」已不可逆轉。第二天（元月十三日），我期（陸官四十四期）同學會在陸軍聯誼社舉行，中央軍校校友會理事長甯攸武將軍致詞。我有三首詩記錄這段感想，收於「幻夢花開一江山」（台北：文史哲出版社，二〇〇八年三月初版）。照錄如下，以詮釋人在那環境中的感受。

詠那種感覺

怒潮澎湃人飛舞，親愛精誠是黃埔；
昨日緒戰真漂亮，任督全通好舒服。

中央軍校校友會理事長甯攸武將軍致詞誌

緒戰大勝很漂亮，藍營團結力更強；
絕對優勢已形成，重掌政權馬家將。

感懷

戲唱完了就下台，永不休止打貪豺；
黃埔同學一條心，炎黃子民好未來。

小註：「緒戰」「絕對優勢」和前面提到的「戰略態勢」，都是軍事專有名詞，此處不述，欲知其詳（內涵、形成條件等），可查任一本軍事辭典。

緒戰大勝利，泛藍並未因而樂昏了頭，反而更謹慎了起來。大家心中都有共同的想法，「小偷隨時使出下流步數」，一定要嚴防、要小心，這應該是三年多前「三一九作弊案」受到的教訓。國內的同學會、馬蕭後援會都有幾分「肅殺」氣氛，因爲不知道小偷、竊國者有甚麼下流手段，有人說笑「三一九」用兩顆子彈，這回進步用兩顆砲彈。

爲此，就在緒戰大勝後一星期，孫大公提出他的「十一項建言」，全文手稿（如附印），

這十一點正是泛藍陣營所思所行的指導方針，約略以下幾項：

第一、全程動員泛藍監票，以防獨派又作弊。這次可能有更陰險手段出現，海內外正盛傳會有暗殺事件。

第二、阿扁貪污案和謝的十大弊案，透過立委和媒體不斷宣傳；馬英九的「三不」以不武在前，不獨不統在次。

第三、宣傳主調在「邪不勝正」；這次票源重點在台灣南部、計程車司機和島外台商。

第四、南部地下電台扭曲事實太大，我方應如法泡製，糾正其荒謬言論；防止獨派再搞二次金改。

第五、一個好的黨獨大，能比多數黨互相牽制做成更多有益大眾的事；強調後選人的品德、清廉。

或許泛藍真的學乖了，懂了，懂得怕，你面對的是一群沒有禮義廉恥的小偷、竊鼎者，流氓、太保、無德的不忠不孝者，不能不怕。於是，泛藍，或說多數選民吧！真的競競業業，小心謹慎的，有警覺的提高了自己的判斷力，打了二〇〇八漂亮的一仗，使國家「法統重光了」。

這是孫大公先生畢生與役最漂亮的一仗，當然也是藍營、馬英九漂亮的一仗，我們終於在二〇〇八年「法統重光」。但最徹底的說法，應該說是台灣人民做了正確的選擇，台灣人民選擇「法統重光」。

打了一場勝仗後才兩天，孫大公傳了一封信給前台中縣長廖了以先生（如附印），以喜悅之情說「我們大家都有救了」，可見孫君多麼高興，這是他親身參與的戰役啊！信中他也提醒著，短暫休息後，大家要向前衝刺了！

二〇〇八年藍營的「法統重光」，使國家民族乃至社會政治各層面之運作，重回正軌；另一個意義，把一個非法、貪婪的台獨政權「終結」掉，告訴部份人民（有台獨企圖者），台獨不可行，台獨是一條死路。星雲大師總結陳水扁

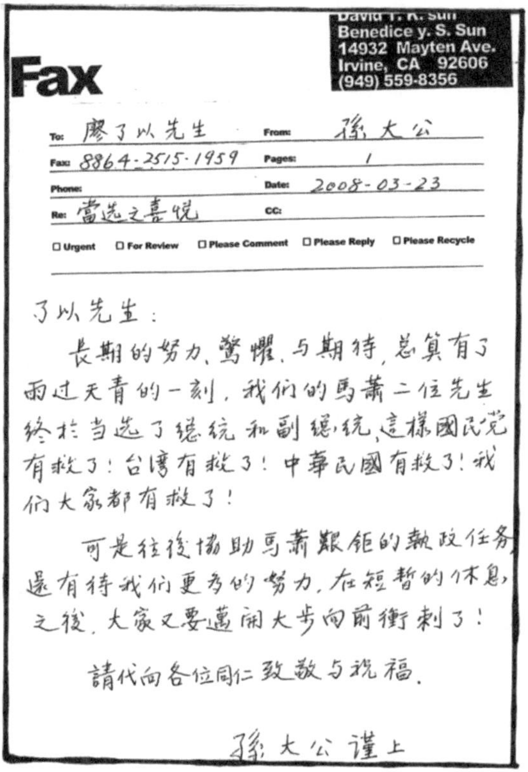

David T. K. Sun
Benedice y. S. Sun
14932 Mayten Ave.
Irvine, CA 92606
(949) 559-8356

Fax

To: 廖了以先生　From: 孫大公
Fax: 886-4-2515-1959　Pages: 1
Phone:　Date: 2008-03-23
Re: 當選之喜悅　CC:

☐ Urgent　☐ For Review　☐ Please Comment　☐ Please Reply　☐ Please Recycle

了以先生：

長期的努力、警惕、与期待，总算有了雨过天青的一刻，我们的馬蕭二位先生终於当选了總統和副總統，這樣國民党有救了！台湾有救了！中華民國有救了！我们大家都有救了！

可是往後協助馬蕭艱鉅的執政任务，还有待我们更多的努力，在短暫的休息之後，大家又要邁開大步向前衝刺了！

請代向各位同仁致敬与祝福。

孫大公 謹上

的八年，是「外戚宦官」之禍，故後面一篇短文，按此觀點申論台獨僞政權那八年的另一本質。

註釋：

註一：「合法性」是政治上有效統治的必要基礎，也是治者和被治者的共同信念，一般人有意、無意（默認）信守的「天經地義」。一個政權的存在和統治權行使，若被絕大多數人民認為「天經地義」，那便鐵定是人民支持的「合法性」統治者，幾可永不垮台。

「合法」，指的是法律程序，舉一例，假設民進黨執政時，運用政治操作使國會三讀通過「台灣獨立」，在法律程序上合法，但不具有合法性基礎。中外史實類似例子極多，希特勒要滅絕猶太人，倭國侵華等，在他們的國會都走完了「民主程序」，而後啟動的。故「合法性」和「合法」，大大的不同。

註二：二〇〇八年國民黨重掌政權，學術界於同年五月在台灣大學，召開「台大對新政府的期許」研討會，以「撥亂反正、法統重光」，定位馬英九的當選，並期許馬

政府走「正路」。可詳見會議手冊中兩篇論文：

其一、黃錦堂（台大政治系教授），「重建憲法秩序與法治原則」。

其二、朱雲漢（台大政治系教授），「撥亂反正、打造政治新局」。

另，趙永茂（台大政治系教授兼社科學院院長），「政府再造與地方治理變革」一文，對憲政、民主和良治，亦有深入論述。

第十四章　總結陳水扁獨派偽政權

——現代外戚宦官太監後宮之禍

韓非子在「亡徵」篇中，論述四十七種會導至亡國的徵候，檢驗古今中外國家、政權之亡，「準確度」。幾乎百分百，無出韓非子所言範圍之外。就以陳水扁台獨偽政權的另一面向，現代外戚宦官太監後宮之禍，來進行檢驗，也是神準。略引數項於後：

喜淫而不周於法，好辯說而不求其用，濫於文麗而不顧其功者，可亡也。

婢妾之言聽，愛玩之智用，內外悲惋，而數行不法者，可亡也。

君不肖而側室賢，太子輕而庶子伉，官吏弱而人民桀，如此則國躁，國躁者可亡也。

后妻淫亂，主母畜穢，外內混通，男女無別，是謂兩主，兩主者可亡也。

父兄大臣，祿秩過功，章服侵等，宮室供養太侈，而人主弗禁，則臣心無窮，

臣心無窮者，可亡也。

韓非子詮釋其意，亡徵者非曰必亡，言其可亡也。夫兩堯不能相王，兩桀不能相亡，亡王之機，必其治亂，其強弱相踦者也。木之折也必通蠹，牆之壞也必通隙，然木雖蠹無疾風不折，牆雖隙無大雨不壞。萬乘之主，有能服術行法，以爲亡徵之君「風雨」者，其兼天下不難矣。

韓子雖言亡徵非曰必亡，但吾人檢驗陳水扁僞政權，其「亡徵」實在太多，故實必亡。雖然大家以爲現在這「廿一世紀」，怎可能有「外戚宦官太監後宮之禍」，但事實在眼前，依然有「現代版」的演出。看這篇剪報社論，再想想吳淑珍、趙建銘及其父趙玉柱、陳氏兒女們及阿扁身邊寵臣，不正是韓子言「后妻淫亂、主母畜穢」「君不肖、人民桀（基本教義派）」「喜淫、好辯、濫於文麗」等，真是現代版的外戚宦官之禍。

再檢驗其他，那些圍在阿扁四周的爭食者，不也是韓非子言「婢妾之言聽」、「太子輕而庶子伉」、「父兄大臣祿秩過功」、「臣心無窮」……中國歷史上的地方割據政權，未有如此貪婪腐敗者！

在人類歷史上，古今中外類似這種后妻淫亂、外戚太監之亂政史，可能裝滿幾個圖書館，可以肯定的，台灣獨派這段淫亂史，必使中外政壇的淫亂史失色。單就中國史一小

社論

外戚宦官之禍要從制度面防阻

人間福報，民95.5.31

中國歷朝衰亡，幾乎逃不出某些共同的宿命：一是外戚干政，一是宦官亂朝。民進黨執政六年，似乎也未能克服這個歷史的循環，令人嘆息！

外戚干政的特色，是先有一個主上的至親，貪財好權，然後一批小人簇擁左右，如蠅附羶，形成一個特權的網絡，上下其手，營私謀利，不顧法紀，最後自然不免由縱容外戚的主子承擔後果與責任。

陳水扁總統女婿趙建銘之敢於關說人事，打探股市秘情，介入醫院藥品採購，甚至父以子貴，趙建銘父親趙玉柱竟能身兼數家公司顧問，月入數十萬元，且縱橫於南部教育界，左右校長人選。何以致之？從六年來零零碎碎的新聞拼湊起來，趙建銘的丈母娘喜歡對政事參一角，應是無可懷疑的共識。如果丈母娘能嚴守官邸戒律，絕不過問政事，怎會有子女敢在外面招搖撞騙，私打電話，儼然另一個小朝廷？

今日總統府當然已沒有宦官，但貼身近臣卻彷彿有著宦官的影子。古今凡爲主上者，爲了行使權力的方便，爲了繞過法定體制羈絆，多喜在體制外找尋缺口，得以便宜行事，於是貼身近臣從侍寵而驕，進而玩法弄權，最後則一手遮天，爲己謀利。

孫子兵法說：「將者，國之輔也」，又說：「國家安危之主也」。可見輔佐重臣繫國家之興亡，而主子棄重臣而親寵臣，這就是諸葛亮所說「遠賢臣、親小人，此後漢之所以傾頹也」。物必自腐而後蟲生，蒼蠅不會叮在清潔的物體上，及至樑柱腐朽遭蛀蟲掏空，也就是大廈將傾之日到了。

在先進的民主國家，當然也不乏外戚、宦官之禍，但他們的民主機制中藏有幾種極具效果的防腐劑，其一是完備的文官制度；其二是獨立無私的司法體制與周延的法律；其三是公正而不偏不倚的輿論。此三者鼎足而立，才能構成一面嚴密的防弊網，使外戚與宦官雖能獲得主上的寵信，但不致使事情弄得不可收拾，禍延上主。

台灣政治先天不足，最大的缺失在於文官體制不健全。政務官權力太大，既插手事務官的管轄範圍，又可任意調動事務官，事務官失去依法行政獨立精神。事務官要仰政務官的鼻息行事，則「依法行政」便成具文，事務官隨時要曲承上意，如此才能保住官位。此時政務官就不只是政策的制訂者，而變成了「一把抓」的獨裁者了。總統女婿可自由進出國營或官股主宰的金融機構，呼風喚雨，左右人事，這在文官體制健全的國家，實爲天方夜譚。

台灣走到這一步，痛定思痛，無論藍綠，均應從制度面去思考防弊之道，而惡聲謾罵黨同伐異，不是解決問題之道。趙建銘案件應視爲不健全制度下的必然產物，對他個人，我們可以哀矜勿喜的心情去看待，尤不有看熱鬧、看笑話的態度，如不能根救起，則未來不論是誰執政，還有第二件或第三件駙馬事件，可不乎？

誰說現代沒有宦官、太監？誰說現代沒有後宮、外戚亂政？陳水扁偽政權這八年滿朝盡是……司馬千春秋之筆批註於二〇一〇年盲閣．

部份，也能在許多篇章中與其他淫亂史，比淫比亂比濫比姦，都佔了「重要」一席之地。

談到宦官太監之禍，吾國歷史上以明代爲最，阿扁的「宦官太監」群，其姦惡無道和帶給人民的苦難，尤其用非法手段貪污的錢財，導至動搖國本，約等同於「東廠」。而二者都造成政權瓦解，改朝換代，就算不和明代東廠比，與唐代結束前的宦官劉季述、韓全誨相比，阿扁身邊如邱義仁、馬永成，其淫亂腐敗，還是「齊鼓相當」。

談到扁妻吳淑珍，其淫亂專橫與不知人民疾苦，跋扈和斂財的本事，幾使阿扁成爲一具木偶，國家之人事錢財由她一人在幕後操控，古今中外「后」級女人中，無可比擬，她真是「空前絕後」。但就生活奢華浪費和不知人民疾苦，倒與法國大革命被推翻的路易十六皇后，瑪莉安托尼內特（Maria Antonia Josefa Johanna Von Habsburg-Lothringen, 1755-1793）很類似。因爲當人民失業窮困，沒有麵包吃時，瑪莉不僅奢華生活照過，且變本加厲索聚民財。有人向瑪莉皇后說：「人民現在連麵包都沒得吃了！」她竟說：「沒有麵包吃。爲甚麼不吃牛排？」

而類似的話，吳淑珍也說過，她利用「陳水扁時代這八年，大事聚財，大概想升官發財的人都要送錢給牠，否則可能升官無望，生意也做不下去。難免有人心不干情不願，阿珍說：「錢不送來，我叫推土機壓下去！」天啊！如此的「黑心肝第一夫人」，「推

土機」是甚麼？不外是她掌控的情治系統或國安單位吧！宦官太監的一批惡姦走狗。

而那「黑心肝第一夫人」，數不完的淫亂、歛財，A走台灣人民多少億銀錢，最後竟因「病」不用坐牢了，台灣有法律嗎？

說到陳水扁時代那八年的台灣社會，就像中國每一個要結束的朝代末年，如漢末、隋末或晚唐；或宋、元、明、清之晚葉，說不完的昏亂。在「隋書」上有幾段話，描寫大業末年的政局社會：

政刑弛紊，賄貨公行……茫茫九土，並為麋鹿之場，惵惵黔黎，俱充蛇豕之餌……土崩魚爛，貫盈惡稔……終然不悟。

陳水扁之亂政如大唐僖宗等昏君，終使大唐帝國崩亡；性格之無常狂暴又似隋煬帝，以消耗國力爲能事，爲短命的隋朝快速了結。阿扁則快速爲夢幻王國台獨，用一支銳利的針「剉破」，告訴人民「台獨是玩假的，貪錢洗錢才是真的」。

再看更廣的範圍，看全台灣好了，自從台獨思想在島內激化，全台灣儼然唐末藩鎮割據局面。在中國未統一之前，「藍綠割據」局面絕不可能善了，人心如此，人性亦如此。所以，統一還真是治好台灣內部割據及人民對峙的唯一藥方，說奇也不奇，中國歷史的必然嘛！

第十五章 給總統夫人美青女士的一封信

——補述「春秋正義」思想與馬英九的春秋定位

對於台灣社會何時可以變的更好？對於兩岸關係如何可以在穩定和平中發展？如何才能有利於邁向統一？中華民族何時可以繁榮富強？當一個驕傲的中國人？孫大公先生的頭腦，無時無刻想著這些，也總是到處動腦筋。

這回他的腦筋動到了總統夫人周美青女士身上，企圖要夫人「傳話」給馬總統。這樣做的動機，可能擔心若直接寫信給馬總統，信可能也到不了總統手上，他每天日理萬機，千百封信如潮水般湧入，那有「美國時間」可以看孫大公的信。

孫君的腦筋動到夫人身上，企圖打「夫人牌」，馬總統下班回家，必定會碰到夫人美青女士，再忙也要回家睡覺吧！馬總統在家是個好老公，很聽妻子的話。「這封信鐵定管用」，孫君心中必定這樣的想著，毅然寄出這封信（如附印）。

到底何事讓孫大公傷腦筋？須要轉一個彎寫信給夫人美青女士。原來是馬政府陷入「八八水災」困局中，那陣子確實飽受各界指責，政治本來就是現實的，不管前面那八年多黑多爛，但這一刻開始當家，你便得「概括承受」，負起全部責任。

站在人民的立場也是一樣，這一刻選出了新當家的，明天就要「立即」享受到好處。更何況台灣還有一些獨派媒體，如自由時報，平時藍營好好的做事，自由時報幾乎全年都在製造假新聞。八八水災更是難得的良機，打開自由時報那時的每日報導，幾乎是「抹黑再潑墨、小傷割成大傷、傷口再抹鹽」惡意操控手法，不知自由時報的林榮三、吳阿明等居心何在？

愛的抱抱
▲總統夫人周美青昨天南下探視馬英九資助的受助童，給了小惠溫暖擁抱。（世界展望會提供）

周美青訪歐 可能到教廷
總統夫人周美青再度以雲門榮譽團長身分，昨天出訪義大利、西班牙，將成我國第一位訪問西班牙的第一夫人。圖／中央社

陳水扁家族多麼貪腐，A走多少錢！自由時報都是「高高舉起、輕輕放下」，幾個字帶過。扁嫂多麼貪婪，馬嫂全身做公益，自由時報從不報導馬嫂的善行，反而替扁嫂說話，自由時報集團那些人的良知莫非給狗吃掉吧！因而已從人類退化成「類人」，只選顏色，不顧是非天理了。

再說八八水災，馬政府當然要負責，確實反應太慢，馬英九的「政治語言」不夠「藝術化、人性化」，不能夠打動人心，這是要學習的地方。但不必因此而否定了一切，馬政府有很多地方做的很好，如大三通、簽訂兩岸經貿全面交流協定等，這是從根本上救台灣之道，也是使中國邁向統一的第一步。這一步跨出去，等於兩岸走向統一之路，不可回頭了，這才是馬英九的終極「春秋大業」（本文後述）

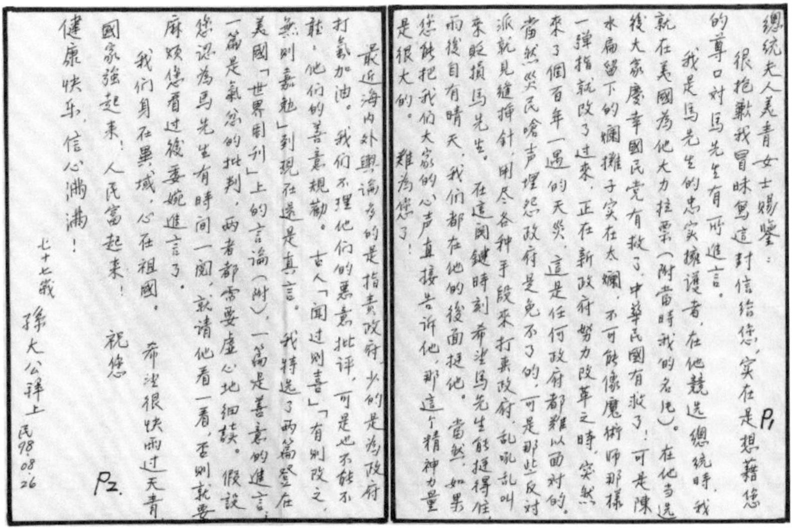

總統夫人美青女士賜鑒：

很抱歉我冒昧寫這封信給您，實在是想藉您的尊口對馬先生有所進言。

我是馬先生的忠實擁護者，在他競選總統時，我就在美國為他大力拉票（附當時我的名片）。在他當選後大家慶幸國民黨有救了，中華民國有救了！可是陳水扁留下的爛攤子實在太爛，不可能像魔術師那樣一彈指就改了過來，正在新政府努力改革之時，突然來了個百年一遇的天災，這是任何政府都難以面對的。當然災民嗆聲埋怨政府是免不了的，可是那些反對派就見縫插針，用盡各種手段來打衰政府，亂吼亂叫來貶損馬先生。在這關鍵時刻希望馬先生能挺得住，雨後自有晴天，我們都在他的後面挺他。當然，如果您能把我們大家的心聲直接告訴他，那這個精神力量是很大的。

難為您了！ P1

最近海內外輿論多的是指責政府，少的是為政府打氣加油。我們不理他們的惡意批評，可是也不能不聽，他們的善意規勸。古人「聞過則喜」「有則改之，無則嘉勉」到現在還是真言。我特選了兩篇登在美國「世界周刊」上的言論（附），一篇是善意的進言，一篇是氣忿的批判，兩者都需要虛心地細談。假設您認為馬先生有時間一閱，就請他看一看，否則就要麻煩您看過後委婉進言了。

我們身在異域，心在祖國。希望很快雨過天青國家強起來！人民富起來！

祝您

健康快樂，信心滿滿！

七十七歲 孫大公拜上

民98.08.26

P2.

先談孫君給馬嫂那封信，孫君把各界的批評言論選兩篇，一篇是「善意的進言」，一篇是「氣忿的批判」，若馬先生沒時間看，希望馬嫂能「委婉進言」。

多日後，總統府機要室回函給「大公總會長」，稱「總統伉儷至感盛情……政府自當虛心檢討」等（附印）。以馬英九的個性、習慣、責任心，判斷這封信他應是親自過目了。而且他二人經過二年學習，現在已慢慢「玩」的自在，這是一種揮灑，但「境界」仍是不夠的。何謂「境界不夠」？只要比較馬英九在八八水災和溫家寶在汶川地震，二人使用的「語言智慧」，境界高下立可判定。溫總理在汶川地震慰問災民說了甚麼？那幾句話是「經典」，任何政治人物慰問百姓，仍可「拷貝、複製」使用，還是管用：

「對不起，我們來晚了！」

「我知道消息後第一時間就趕來了，人命關天，我的心情和大家一樣難過。只

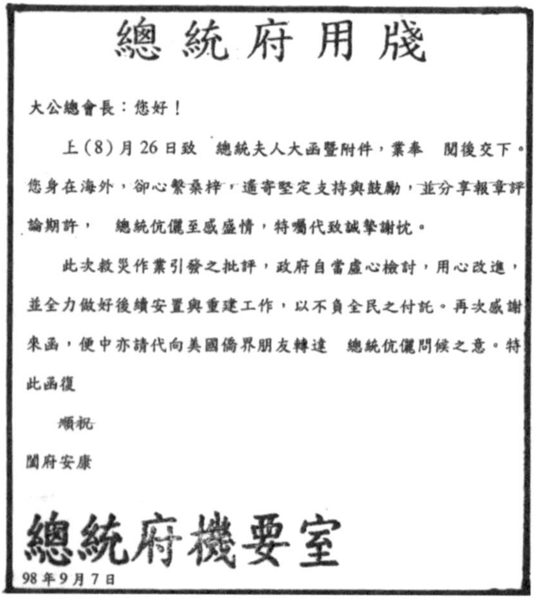
總統府用箋

大公總會長：您好！

上(8)月26日致　總統夫人大函暨附件，業奉　閱後交下。您身在海外，卻心繫桑梓，遙寄堅定支持與鼓勵，並分享報章評論期許，　總統伉儷至感盛情，特囑代致誠摯謝忱。

此次救災作業引發之批評，政府自當虛心檢討，用心改進，並全力做好後續安置與重建工作，以不負全民之付託。再次感謝來函，便中亦請代向美國僑界朋友轉達　總統伉儷問候之意。特此函復

順祝

闔府安康

總統府機要室

98年9月7日

馬英九深陷政治土石流

■陳世耀

台灣八八水災暴露馬英九政府無能，劉兆玄內閣受重創，政府的應變態度、速度、救災語言都不及格，尤其馬對災民表現缺乏親和力，如老官僚復辟的習氣，證明馬政府是守成型的太平政府，無力處理好天災巨變，最後靠美軍象徵性登台支援，創造政治聯想，與其說華府參與救災，不如說是救土石流中的馬英九。

天災巨變後任何政府都會被苛責，是民主社會難免的現象，要看責備是否屬實，台灣民眾先前「走個壞蛋、來個笨蛋、我們都是傻蛋」的自我調侃不幸再度證實。馬團隊的表現恰似不食人間煙火、高高在上的知識分子和冷酷的專業技術官僚，讓民間懷念宋楚瑜的能幹，甚至拿馬英九和溫家寶的救災態度、語言比較；由於指揮系統混亂，國軍救災也被評為不如解放軍，何其沉重和不堪。

Long stay沒有改變馬內心的觀念，他長期浸淫官場，風災後他先怪氣象局、再怪地方政府，最後怪民眾不撤離，就是未反躬自省為何執政團隊資訊掌握和反應能力遲鈍，統合協調太差，靠看電視新聞救災更是滑天下之大稽，災情七天後才召開國安會議，九天後才有外國援助，是甚麼水準的政府？

誠然，發布緊急命令不一定需要，因為九二一地震後已將緊急命令納入「災害防治法」，總統不需緊急命令就可指揮軍隊和統合各級政府救災，但馬英九拒呼應民意和藉此表達對災民關懷，冷酷「法匠心態」雖證明他沒有政客習氣，相對而言即是冷血和遲鈍。

水災四天後，馬才首次抵災區視察，見一名中年婦女當眾跪地哭喊：「現在什麼都沒了，我會死啦！」馬雖以台語安撫政府會補助，態度卻不知所措。一名藍營支持者見馬後哭喊：「要見你一面這麼不容易！」馬冷冷回應：「你不是見到我了嗎?」一名溺水生還民眾告訴馬逃生經過，馬當眾誇「你真不簡單，可以憋氣兩分鐘」，都可獲選「政客低智商名言錄」。

馬13日探訪養豬受災戶，變成緬懷蔣經國神話，災民遍地的14日竟參加職棒開球典禮，他到處面對下跪和流淚的民眾，令人動容的畫面馬卻僵硬木訥，媒體質疑他「只有面對蔣經國時才流淚」。對國際媒體馬英九用英文說：「他們死守家園，你看看，他們沒有理解到這次風災有多嚴重。」這是總統該說的話和應有的措詞嗎？該話後來被轉貼YouTube，看過者群情激憤，諷刺「We在喝喜酒，They死守家園，不關I的事」。

陳文茜和網路上都拿馬英九與溫家寶對比，認為馬遠不如溫。溫家寶汶川地震次日即抵震災現場，對民眾說：「對不起，我們來晚了！」馬英九四天後才抵現場勘災，劉兆玄還說「我們行動比九二一還快」。溫家寶勘災說過諸如「我知道消息後第一時間就趕來了，人命關天，我的心情和大家一樣難過。只要有一線希望，我們就要盡全部力量救人，哪怕還有一個人，我們都要搶救到底。」「你們的親人就是我們的親人，你們的孩子就是我們的孩子。」「時間就是生命，要盡全力救人。」而馬英九全程未見令人感動的談話和態度，只有嚴肅表情和無厘頭式的發言。

救災過程，國防部長陳肇敏讓救災國軍立正40分鐘等候他視察，軍方救災直升機一度留兩架供高級長官備用，荒腔走板行為反映老官僚的迂腐行徑。這場水災徹底暴露馬政府的能力，外交部拒絕外來援助公文釀成風波，反映氣急敗壞下的手足無措。拒絕大陸直升機和接受美軍馳援，雖屬人道救助，但其中的政治意涵和效應很清楚，對今後兩岸關係或將發生微妙影響。水災也徹底洩露「國家機密」，原來馬政府應變能力拙劣，幸好兩岸走向和解不致衝突，否則後果不堪設想。至於國民黨再勝選，要靠台灣多數選民的健忘和厚道，不計前嫌；國民黨也應慶幸，幸好民進黨因迴護陳水扁弊案處於「腦殘」階段，暫難挑戰執政權，否則這樣的總統、這樣的政府，何妨讓他下台徹底反省。

4　風｜向　⊙世界周刊　2009 8.23

馬總統應習的災難功課

■劉天

台灣發生百年僅見的「八八水災」，整個南部泡在水裡，這一場空前的自然災難，因為政府救援不良，已演變成為馬英九總統的政治災難，喻為他從政以來的最大危機，亦不為過。馬要如何管控這場危機？他有沒有轉危機為契機的可能？

答案在「八八水災」的教訓，有沒有讓馬總統徹底改變思維？起碼，他的第一堂災難功課，應該修習「謙卑」。

以「溫良恭儉讓」著稱的馬總統，難道不夠謙卑？如果論禮貌、言談的態度恰當，馬夠謙卑；若論採納雅言的不自我中心、不剛愎自用，他是否作足了「謙卑」的功課？顯然還有很大距離。以下的「災難事實」應足以讓馬總統惕勵：

一、在國家遭逢重大災難時，撫慰人民工作做得最好的，竟是從未涉足政治的馬夫人周美青；而半生從政的馬總統，面對災民和媒體的反應，卻廣遭惡評；說明馬總統幾十年來的政治溝通課仍未修好。因此，他絕無自以為是的本錢；劣等生必須向優等生學習，態度必須謙卑。

總統夫人的「與民溝通」本事如果係「生而知之」，則馬總統即使再無天賦，也要「困而知之」艱苦學習，以期徹底矯正語言、肢體動作，其路徑是放棄優等生的「貴族」心態，不自認絕對正確。唯有放下自視的心理，才會真正謙卑起來，產生同理心、同情心，與人民一個高度，便能苦民所苦，而用老百姓的感情和想法看世界。高級知識分子的優越感，一旦在水災中流露，必定討打。馬總統和劉兆玄院長，包括馬政府團隊核心，都有待自我改造：「精英政治」從來不能貼近人民，在重大災難中，尤其如此。

二、對於不發布緊急命令，馬總統堅持立場，有負社會期待，直同與老百姓作對。除了「法匠性格」的拘泥之外，其實也與心胸和自視有關。馬既然自認正確，別人便說不上話，學界普遍對他有此煩言——即使他多麼勤記筆記；某種程度而言，哈佛大學博士的學歷反而誤了馬總統不能察納雅言。須知某一領域知識的優越並不能在每一層面保持凌駕地位——如他遭到侯寬仁起訴，馬不得不放下法學博士身段，請律師辯護，學驗各有專精，就是一例。而立法院長王金平建議發布緊急命令，這一來自過去政治對手的意見，與劉兆玄主張不發布相較，親疏立判、因人廢言，是另一例。前總統李登輝發布緊急命令的成例，馬寧可自樹一幟也不願「李規馬隨」，是第三例。

自視與優越感，才會使馬英九硬拗到底，不肯改變，完全沒有體民情民意調整的空間，也因此為成朝野眾矢之的，變為「災難的最大出氣筒」。

三、馬團隊素質不理想而遭批評，已非止一日，但是馬總統從不思擴大參與陣容，所聽所信唯一、二人，唯與他氣質、出身相同者方獲青睞，因此，國民黨的人力、社會中的多方人才，竟不能引入而博採周諮；甚至連副總統蕭萬長在選後也傳出閒置傳聞，而與當初敦請參選的承諾大相逕庭。一個近親型、同質性高的團隊，當然會有可怕的判斷盲點。連戰、吳伯雄、宋楚瑜等政治前輩的手下非無幹才，馬可曾有意借將攬為幕僚？宋團隊治省的經驗竟成斷層，難道不是馬的損失？能有若干賢能幕僚，何至於讓馬在救災中動輒得咎？

「八八水災」如能讓馬總統極大程度地自我否定、學習謙卑，才有可能重新出發。否則一樣的馬英九、一樣的馬團隊，在大災巨變後的民怨沸騰中，還會有什麼機會？只會喊德盡失，一瀉千里，提早跛鴨而已。「八七水災」歷50年的社會集體記憶至今猶存，則馬總統實不能僥倖認為「八八水災」的集體憤怒會自然遺忘，而不產生政治殺傷力。國民黨黨內有才德的人，從吳伯雄、胡志強而朱立倫，都有可能是黨內和人民在極度失望後的抉擇。連民進黨蘇貞昌在水災初期立能募款新台幣3600萬元，即證明「非馬型」的領導人，仍對台灣各界深具吸引力。馬總統化水災危機為轉機，唯請從革心做起。

要有一線希望，我們就要盡全部力量救人，哪怕還有一個人，我們都要搶救到底。」

「你們的親人就是我們的親人，你們的孩子就是我們的孩子。」

「時間就是生命，要盡全力救人。」

並非我在本文美言溫總理，這幾乎是全球媒體都讚美（台灣自由時報除外），我對任何政權、任何政治人物，向來以「春秋筆」自居，公平公正批判。尤其拒絕大陸直升機救援，卻接受美國軍機，更是錯！錯！錯！

幸好馬英九在兩岸三通、經貿全面開放做的很好，因爲這部份才真正啓動統一機制，這是馬英九的「春秋大業」，也是「春秋正義」的實踐。

爲進一步闡揚馬英九的「春秋大義」和「春秋正義」內涵，以後面三個短文爲附錄再論述。孫大公先生所期待於馬英九正是這些，亦同我補述孫君之所未言者。

附錄一：「春秋正義」釋意

「春秋」是指我國春秋時代各國國史的通名，也是魯國國史的專名。現有的春秋記述內容，從魯隱公元年（西元前七二二）起，到魯哀公十四（西元前四八一），共計十二代君主，二百四十二年。春秋的作者是孔子，歷史上爲春秋作傳的很多，今傳有左傳、

公羊傳和穀梁傳，簡述之。

「左傳」，另名「左氏春秋」，作者左丘明，約成於戰國初年。左傳記載春秋時代各國史事甚詳，強調民本思想和禮義，堅定認爲國家領導人的一切思維，均要源自「民本」，人民才是國家之本。

「公羊傳」，儒家口耳相傳的解經之作，到漢景帝時才由公羊家族寫成定書，公羊傳闡揚孔子春秋的大義意涵，在大一統、仁政、反侵略思想，尤其在區別「中國」與「非中國」有明確釋意，是儒家政治思想的寶庫。

「穀梁傳」相傳是子夏的弟子、魯人穀梁赤所作。與前二傳相比，穀梁傳更好言褒貶，對當時從政之人有賢、善、美、惡、譏、刺、卑、微之批判，尤其批判貪腐甚力，更闡揚孔子「正名」思想，均屬「春秋之義」。

綜合春秋三傳之「春秋正義」內涵，包括大一統、民本、仁政、正名、反侵略、反貪腐及「中國和非中國之別」等思想，事實上，這些價值孔子在世時，常於各種講經說法、教學、言談提到，經幾千年發展，已成中國社會一般人民及政治人物治國的核心思想。凡是違背這些思想價值，其政權和統治者都很難被人民接受，通常這些政權都存在不久（如地方割據等），不是垮台，便是回頭擁抱「正確」的春秋正義價值。故曰：「孔

子成春秋而亂臣賊子懼」，歷代史官乃本春秋大義標準，證述並批判當時國事。是故，「春秋正義」在我國歷史上，也稱「千年憲法」。

中國歷史上各朝代之被終結或垮台，皆因統治階層違背了「千年憲法」的精神思想，因而被人民推翻了。但有些政權及時醒悟流失「春秋正義」的後果，急忙回頭，回到合乎春秋之義的軌道上，得以「存活」，並開創更輝煌的局面。元初、清初及毛澤東時代的「文化大革命」，都大搞「去中國化」發現路走不下去（硬走下去便是滅亡），便回頭大搞「中國化」，以「取悅」人民，換取政權的「存活」。

台獨執政那八年，是「典型」的違反春秋正義，違反中國「千年憲法」，台獨思想是地方割據的異形，陳水扁家族洗錢案及獨派政客貪污案一一曝光，都是一種「證明」。證明甚麼？

證明分離主義、地方割據思想的「暫時性」：維持不久的政權，既不久要垮台，有權力的人便能吃盡量吃，能撈盡量撈，撈飽了走人。

當然，萬事萬物都是相對的，要「擁抱上帝」，必「得罪魔鬼」。如馬英九（代表統派）要推三通，便要陳雲林來，獨派激進者（大多是盲從者）便抗議；要辦陳水扁，一群獨魔便會反撲，會有一些些動亂，這是「必要成本」。即使這一點「成本」，還是

有很多人覺得成本太高。

但，那有甚麼關係呢？當長江黃河巨浪衝來，濁水溪或愛河邊那一點微風細雨都是小泡沫，山都擋不住的。中國歷史進行曲有一定的譜調，春秋正義在，邪不勝正。未來台灣的統派要和大陸執政者、人民緊緊連結在一起，目的是宏揚中華文化，高舉春秋正義、仁政、民本，正名的大旗，統一便是很自然的得到全民支持而如水到渠成，也很自然的終結掉台獨。就算有極少死硬派反抗，惟大勢所趨，小泡沫起不了作用。

啊！孔子，有你便有中國

無你，中國在那裡？

附錄二：義便是義，還有甚麼春秋正義？

「義」是人的良知和理性的表現，也是判斷是非、善惡的標準，其標準亦有消極面和積極面兩個「水平」。從消極面說，凡不合乎義的事，我們斷然不做，這叫「有所不爲」；從積極面說，凡合乎義的事，我們必須去做，這叫「有所爲」。

到底一個人應該有所爲，還是有所不爲？得視事情之性質和機緣。故孔子講「執兩用中」，孟子曰：「義者，宜也。」韓越說：「行而宜之之謂義。」都是在解釋一個人的行爲，如何才是「義」。合宜就是義，就是正當；不合宜就是不義、不正當。孟子又說：「羞惡之心，義也。」又曰：「非其有而取之，非義也。」已明示吾人「有所不爲」、「有所不取」，凡損人利己，有害公眾之事，均爲不義。而「己立立人，己達達人」，便合乎義。

中山先生講的義，就是「正義」，他在「民族主義」第六講說：「講到義字，中國人在很強盛的時代，也沒有完全去滅人國家，比方從前的高麗（又名朝鮮，今韓國），名義上屬中國的藩屬，實際上是獨立國家。就是在二十年以前，高麗還是獨立，到了近一、二十年高麗才失其自由（指日本發動甲午戰爭併吞韓國）。證明中國人講信義，日本人不講信義。」中山先生又說：「中國強了幾千年而高麗猶在，日本強了不過二十年，便把高麗滅了。」孫中山以史事說明倭奴鬼子是不義之民族，而我國如孟子言「行一不義，殺一不辜而得天下，皆不爲也。」亦見兩國（民族）文化之高低。

當代猶太社會思想家諾錫克（**Robetr Zozick**）在他的「正義論」指出，人類行爲如何才算公正、公道合乎正義原則？牽涉三個主題：第一個是最初取得的方式是否合宜？

第二是轉移過程，如某甲轉移到某乙，是否涉到藉交易、贈送，或欺騙、脅迫等不義行爲而達成?第三爲過去不義之擁有，經過改正、補救手續，得以堂堂正正的擁有。以上諾錫克稱「獲得、轉移、改正」三正義原則，此與吾國古聖先賢的正義論述相通。

以上析論，亦見正義是人類社會的普世價值，爲人類社會之能成「人類社會」最重要的價值標準。

吾人爲何正義之上又加「春秋」，這顯然是民族文化的設限，如伊斯蘭文化以信仰阿拉爲正義標準，其他民族亦同。我國「春秋正義」，源於孔子作春秋，後世爲春秋作傳者最有名的三家是左傳、公羊傳和穀梁傳。綜合各家內涵有四：

●禮義廉恥是國家社會的普遍價值。

●仁政、統一和反侵略是中國政治思想的核心。

●發揚論語中的仁義道德忠孝節義精神。

●對不義的統治者秉筆直書亦恒持批判態度。

以上四個內涵正是春秋正義的四大價值標準，在中國歷史上講任何人的行爲，義與不義，甚至歷史走向，都受此規範，春秋正義也叫中國歷史文化的「千年憲法」。故「孔子成春秋而亂臣賊子懼」，如公元二〇〇四年「三一九槍擊案」和現在這些台獨份子，

甚麼都不怕，就怕春秋正義之前，「董狐」之筆不留情，說他們是亂臣賊子，篡竊者，這恐怕是無可避免的歷史定位了。嗚呼！傷哉！篡偷盜均不義也。

附錄三：馬英九的魄力、智慧和歷史地位

春秋正義價值史觀之彰顯

馬英九就職總統已兩年多，各界褒貶聲音很多，平實而論，國家不可能兩年就全部「翻紅盤」，且褒貶之聲大多在「枝枝節節」上打轉，未切中「要害」。

國家領導人之大任，在如何把持國家的「大政方針」，向正確之方向前進；而不在某立委說錯話，某縣市長不聽話，吾人以為，中國古來的政權領導人（含分裂時代各地方政權領導人，不論稱王稱帝或叫「總統」。）其魄力、智慧和歷史地位的唯一評量標準，便是對「春秋正義價值史觀」的堅持與不斷的力行實踐。所以，「馬路」還長得很，特藉本書出版之良機再贅數言，以啓黎民百姓心智，並解眾惑。

從這兩年檢驗，馬英九的魄力和智慧展現在辦扁家族貪污案，及「大三通」的實現。很多人罵馬英九無能懦弱等（這是台獨操弄出來的），若真如此，扁案就辦不下去，三通亦無望，同文同種的炎黃子民仍在對立。

有人又會天真的說，司法獨立辦案，又不是馬英九辦案，這是「政治白痴」的天真想法。像扁家這種動搖國本及社會根本的大案，絕對要國家領導人的「意志支持」，才辦的下去，此非「下指導棋」，而是對司法獨立的支持，以確保廉能價值（即春秋正義價值的一部份）。眼前亦有「鐵證如山」可以詮釋之，即陳水扁在位時，整個扁家族及滿朝貪官，司法單位爲何都辦不下去？必待馬英九就職後，才開始辦「前朝」官員，才把竊國竊位的大貪污者陳水扁「押」起來！這表示所謂「司法獨立」是有限制的，也有時空關係的，更須要國家領導人堅定的「意志支持」。

但馬英九最終極的歷史定位（或地位），並不能止於辦陳水扁，而在他的「終統論」之實現。若他只用嘴巴說說，沒有在「操作面」逐一實踐，小馬哥終究僅是「地方割據者」，在中國歷史上的定位可能很負面，頂多是清廉者，而對國家統一沒有貢獻。因爲，春秋大義價值史觀不是光用嘴巴說的，說而不做是「政治語言」，言行合一才合春秋之義。

所幸，小馬哥已經親自啓動終統的「機制」，此便是大三通，這個機制一但啓動，便是加速其不可逆的統一進程，最後導至中國統一，他所說「在職期間不與中共談統一」，再清楚不過是「政治語言」，他至今確實沒談過統一，但有關統一的各個變項，已一一被解決「攻破」，使統一更爲有利，這是小馬哥的智慧和魄力。

馬英九的春秋大義歷史地位，我這支「史筆」就先記一筆了，我肯定他對國家統一必將有更大貢獻。

總結本文孫大公先生爲馬英九的設想，給夫人的信，期盼夫人能傳話、進言，孫君用心確是良苦，無非盼望馬英九能在統一大業上做出貢獻。假如吾人以軟硬區分，則馬先生從「硬體」上下手，馬夫人則從「軟體」上努力，同樣在爲中華民族的春秋大業而奮鬥。所謂「不統、不獨、不武」，在「現在」（馬在位時）是「政治語言」，根本是說給活老百姓聽的，現在當然是「不統」，其他二者也不必顧慮，而針對可以「統」的部份，馬先生已經啓動，可喜可賀，中國歷史會給馬英九，和

籲請兩岸儘速簽署「經濟合作架構協議」(ECFA)
壯大台灣、連結兩岸、佈局全球

（聯合報．2010．6．22．）

台灣不必害怕大陸經濟崛起

貿易是台灣的生命線，出口貿易的「外需」更是台灣經濟成長的主要動力，2009年台灣出口大陸金額為857.2億美元，為台灣賺取652.1億美金的外匯順差，台灣不必害怕大陸經濟崛起，反而應該善用大陸的各項條件，為台灣經濟成長注入動能，壯大台灣經濟實力。

開放、競爭、優勢才是台灣發展之道

台灣必須「開放」，才能迎向世界；台灣必須「競爭」，才能佈局全球；台灣必須發展「優勢」產業與勞工，才能在國際市場上佔有一席之地，台灣不怕競爭，怕的是不公平的競爭狀態。

不簽ECFA：市場流失、廠商外移、失業增加、經濟衰退

區域經濟整合是世界潮流趨勢，不融入就會被邊緣化，大陸是台灣的最大出口市場，2004年台灣出口大陸的產品金額及市場占有率高於東協，但2005年大陸與東協的「貨物貿易協議」生效後，開始對東協降低關稅，東協出口大陸產品金額占有率超過台灣，且差距逐年擴大，2009年甚至差了204.97億美金及2.04%的占有率。

2010年大陸與東協的自由貿易協定（FTA）全面生效，台灣產品在大陸市場面臨更不公平的競爭。

台灣若不跟大陸簽ECFA，原向台灣採購者移到有優惠的地區採購（貿易移轉效果），在台灣的廠商會被逼著到有關稅優惠的地區投資（投資移轉效果），這勢必會造成台灣外銷市場流失、廠商外移、失業增加、經濟衰退的困境。

時間	2004	2005	2008	2009
自台灣進口金額	647.59	746.55	1,033.25	857.06
自東協進口金額	629.54	750.16	1,169.33	1,062.03
自台灣進口比重	11.55%	11.31%	9.13%	8.54%
自東協進口比重	11.23%	11.36%	10.34%	10.58%

單位：億美元

簽ECFA：降低關稅、促進出口、吸引投資、增加就業

兩岸簽署ECFA，主要內容就是降低關稅、排除非關稅貿易障礙、智慧財產權保護與投資權益保障，其作用就是「幫助人民作生意，提升台灣競爭力」，同時也是吸引外資與為人民創造就業機會的好方法。

台灣要良性循環

簽ECFA的良性循環：降低關稅→出口增加→增加投資→吸引外資→增加就業→增加所得→增加消費→經濟成長

我們呼籲政府，儘速與大陸簽署最有利於台灣經濟發展的ECFA，並與其他貿易夥伴簽署FTA，為台灣企業與人民建立完善的經營環境，才能為台灣未來開創「黃金十年」，這是台灣經濟永續發展之道，也才是愛台灣的具體表現。

潤泰集團 總裁 尹衍樑
上海大潤發有限公司 執行長 黃明端
上海喜士多便利連鎖有限公司 總經理 魏正元
潤泰全球股份有限公司 董事長 王綺帆
潤泰創新國際股份有限公司 董事長 劉忠賢
潤弘精密工程事業股份有限公司 董事長 賴士勳
崇電雷射科技股份有限公司 董事長 鄭銓泰

（頭版廣告）

周美青應有的「春秋定位」。

寫本文時，三通早已在馬英九的魄力下通了。而兩岸經濟合作架構協議（ECFA）也已簽訂，獨派的「暴力小英」死拼要反對，但弔詭的是他們自己做的民調卻有七成民眾同意簽訂，獨派應順從民意才對。

第四篇　人生有夢，但悲不見九州「統」

第十六章　最後「賭」一把

——孫先生對「博奕」事業的看法、努力與信念

人類社會發展幾千年以來，各大文明系統（華夏、印度、古希臘、羅馬、伊斯蘭），對人的本性中之「色」和「賭」，從未給予正面評價，視之爲罪惡。至今在常民社會中，絕大多數仍如是看法，各個文明只不過「五十步笑百步而已」，只有負面評價的「程度」差別！

直到資本主義、民主政治開始流行（約十八紀紀後），「色、賭」有了翻身的機會，得到法律上的認可，即所謂「合法化」，經由議會立法給從事「色情行業」的人，有「合法」的地位。例如，我們常聽到的「性工作者」，不論男人女人，凡以提供性服務（性交）產品，以獲利來賺取所需都是。這種新思維認爲「性交」也是一種「工作」，社會必須對幹這種行業的人，尊重其「工作權」，並有法律之保障。

準此思維，英美等西方民主國家，乃至東方的日本，早有「性工作者管理條例」、「色情行業規範法規」、「性產業發展條例」……不計其數的法規條文。日本是目前性產業規模最大的國家，有人說笑話，日本自衛隊的經費靠性產業維持就夠了。此非笑話，是真實的，日本媒體曾有「高中女生亡國論」之呼籲，因爲高中女生（年青）都下海「賣肉」了。眾所周知，倭國攻佔全球經濟市場的兩大產業勢力，一是性產業，另是漫畫，此二者創造的利潤超過日本汽車。

很多人奇怪，倭國不是受中國儒家思想影響很深嗎？也確實，唐代他們就派「遣唐使」到中國，主要學習中華典章制度和文化等。可惜在明治維新他們走上西方資本主義社會，才產生軍國主義，所以所謂的「倭國文化」已經不東不西。產生質變和異化。例如，中國佛教傳到倭奴國也變質了，出家的和尚可以取妻生子，肉照吃酒照喝，那何謂「出家和尚」？又如何「六根清淨」？這問題當然是很大，惟深論之恐偏離本文主題，我把筆腳拉回來！

在全球化、民主化的浪潮下，世界沒有任何國家可以「圍堵」色和賭的入侵，尤其當此二者發展成一種「國家產業」後，鉅大的經濟誘因，有如「全民吃鴉片」。其結果，色情產業合法了，政府當「莊主」，全民來賭，各種形式的賭博（樂透、六合彩……）

全民日以繼夜 High 翻天了。美國、泰國、新加坡、倭國……以「性」和「賭」爲內涵的產業，極可能是廿一世紀全球經濟中的「龍頭產業」。

台灣不可能把這種趨勢阻絕在外，何況台灣移民社會的本質就是「賭性堅強」；再者，當台灣的執政者看到人家搞賭場帶動觀光人潮，也想如法泡製，只是十多年來「博奕產業」仍停留在構想階段，台灣爲甚麼做不起來？此非我拿手領域，故不析論。但本書主角孫大公先生卻很早就關心台灣的博奕事業可能的發展，我從近幾年來孫君與國內有關方面的書信往來，研究他對國內博奕產業的看法和努力。

依理觀察，研究孫先生的思想背景，他是深受中華文化傳統影響的人，對「賭」和「色」沒有好感。在他給親友章果立先生的一封信，孫君認爲「賭」

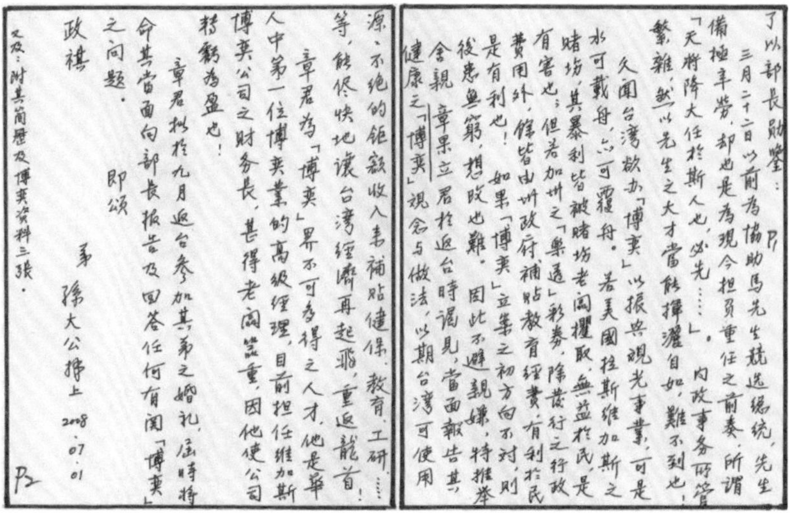
了以部長勛鑒： P1
三月二十二日以前為協助馬先生競選總統，先生備極辛勞，卻也是為現今担負重任之前奏。所謂「天將降大任於斯人也，必先……」。內政事務所管繁雜，然以先生之大才當能揮灑自如，難不到也！
久聞台灣欲办「博奕」以振興觀光事業，可是水可載舟，亦可覆舟。若美國拉斯维加斯之賭坊，其暴利皆被賭坊老闆攫取，無益於民，是有害也；但若加州之「樂透」彩劵，除發行之行政費用外，餘皆由州政府補貼教育經費，有利於民是有利也！ 如果「博奕」立業之初方向不対，則後患無窮，想改也難。 因此不避親嫌，特推举舍親章果立君於返台時謁見，當面報告其「博奕」觀念与做法，以期台灣可使用源、不絶的鉅款收入来補貼健保、教育、工研……等，能够快地讓台灣經濟再起飛，重返龍首！
章君為「博奕」界不可多得之人才，他是華人中第一位博奕業的高級經理，目前担任維加斯博奕公司之財务長，甚得老闆器重，因他使公司轉虧為盈也！
章君擬於九月返台參加其弟之婚礼，屆時將命其當面向部長報告及回答任何有関「博奕」之問題。
即頌
政祺
弟 孫大公拜上 2008.07.01
又及：附其簡歷及博奕資料三張。
P2

和「毒」是同義字，故根本不贊成賭博。（詳見附印原件）

但另一方面，孫君留學美國，且長居多年，也理應受到西方民主思潮和制度影響。所以，他在該信同時也說，「賭」的盈餘（利潤）拿來做公益事業，如國民健保，將功贖罪，否則正常社會應該禁絕賭博才對。吾人以爲，以孫君受現代高等教育之人，當不至於完全一味的反對台灣開展博奕事業，只要能有配套制度，對國家民族有益，還是可以發展這項產業。於是，孫君開始了他的書信攻勢，承辦部門是內政部，他的信當然先寫給當時的內政部長廖了以先生（均如附印）。

二〇〇八年七月一日給廖部長那封信，孫君把美國開放博奕事業的利弊先陳述一番，「拉斯維加斯式」是有害的，而「加州式」是有益的，孫君希望台灣一開始，方向就要正確；若開始方向有誤，以後要改可難了。

爲一開始能有正確的方向，孫君在信中不避親嫌，推舉章果立先生給廖部長。並述章君是博奕界的人才，屆時將命其當面向部長報告及回答任何有關博奕之問題。（章君是否向廖部長報告，及有無進一步發展，非本文論述內容，故略之。）

我所關切者，是孫大公先生到了耄齡歲月，又找到一個「春秋戰場」，在這個戰場上他努力爭取的是國家人民之利，而非個人私利。於是，廖了以之後，孫君再發動幾波

書信攻勢，這些信寫給馬英九總統、吳敦義院長、澎湖縣長和議長等，理念作法均大致類同。（見附印各信）

二〇〇八年七月九日 星期三 WEDNESDAY, JULY 9, 2008 世界日報 香港經濟

澳門博彩收益 估達千億澳幣

博彩業仲介人碼佣明令上限1.25% 違者將受罰

【本報澳門訊】澳門經濟財政司長譚伯源8日表示，今年澳門博彩將維持兩位數字成長，估計今年博彩收益可達1000億澳門元。

此外，博彩業割喉戰終於告一段落，六間博彩公司8日就貴賓廳仲介人碼佣問題達成共識。澳門政府新聞處引述譚伯源與六家博彩營運商代表舉行會議後表示，政府在尊重市場規律的原則下，決定透過行政法規，規定各賭場給予仲介人的佣金「俗稱碼佣」連同服務金額，不可超過1.25%。

譚伯源強調，行政法規將明訂罰則，任何企業如不遵守行政法規，即屬行政違法，將被罰款及公開處分。

上述建議將提交澳門行政會討論，預計今年8月生效。

澳博行政總裁何鴻燊說：「碼佣降為1.25%，好過碼佣高達1.385%、1.5%，不降低，六間都蝕本。」

永利渡假村（澳門）營運總裁陳志玲和銀河娛樂集團副主席呂耀東形容會議氣氛良好坦誠，相信對博彩業發展有穩定性的幫助。一直被指碼佣偏高的威尼斯人金沙集團，由拉斯維加斯金沙集團行政總裁威廉．懷特出席會議，但他遲到10分鐘，他對政府強制碼佣比率上限沒回應。

呂耀東並首度開腔回應旗下兩間賭場裁員，他對事件表示遺憾，但相信是兩間公司跟隨市場環境及經深思熟慮下才作的決定。

譚伯源還表示，政府決定凍結發放新賭場牌照後，有兩家興建中的賭場申請增加設施，預計添300張賭檯。

博弈首要全民蒙其利

台灣開放前 應諮詢賭城才德兼備專家

【本報記者馮鳴台拉斯維加斯報導】台灣是否開放博弈，近兩年話題不斷，一波一波的外國投資人、台灣本土財團、地方民意代表、政府公職人員，勤於奔走台灣與賭城間，積極施展身手，但為私己利益奔忙的氣味很濃。

不論透過何種管道，這些人訪問拉斯維加斯，主要在尋找肯花大錢鈔票投資的老美賭場股東，認為找他們去台灣開賭場，萬無一失，自己掌握好第一手地點資料，在賭場預定地週圍炒地皮，發一筆土地財再說。

來賭城取經者，幾乎沒有人想真正了解什麼樣的博弈政策最適合台灣需要，真正具有實質賭業專業知識、能勾畫出台灣未來賭場實像的賭城華裔賭業菁英，應該是最有資格提供諮詢的人。

拉斯維加斯華人居民大多在賭場從工作，深知賭業對員工擇職要求嚴格，任職經理級以上的華人，更了解賭場各項防弊措施，他們訓練有素，能適時看出疑點，正確並有效處置問題，這些華人能為台灣開放博弈提供很有價值的意見。

目前在拉斯維加斯Tuscany Casino擔任財務長的華人韋果立，也是拉斯維加斯大學旅館與博弈學院指導教授，曾協助加州、華盛頓州及奧克拉荷馬州三個印地安部落建立賭業，讓他們發展興旺興盛的博弈業。他指出，好的博弈政策，要先建立當地全民共蒙其利的優先順序。

韋果立表示，從平地蓋高樓很容易，但博弈業不是只蓋樓房、開賭場那麼單純，韋果立在為印地安部落政府規劃開賭場時，考慮的還有政策確立、賭城設計與發包、工程發包、地點選擇、市場分析、計畫書擬定、貸款籌備、組織及管理系統建立、人才篩選等一直到開幕正式營運，每一項都得仔細評估。

台灣如果發展博弈業，韋果立有意組織品德高尚理念相似的華人賭業人員，為台灣博弈創造出慈善博弈、社福博弈。他表示，博弈應建立在利益全民共享，幫助社會弱勢，提升全台灣人民生活及心靈素質，這樣的博弈業，才是發展博弈的正途。

韋果立希望才德兼備的華人業者，能響應他的呼籲，參與他創立的888 Consulting and Services Co.。有興趣聯絡韋果立，請寄信至P.O.Box19509,Las Vegas,NV 89132。

了以部長：你好！

自馬總統參選時即有幸和你連絡（見附件）。如今已逾一年。此期間你公務煩忙，未敢打扰，祇选有意义的图文特送至你的伊媒兒供你消閑之用。

最近台灣對正式開賭坊與趣甚濃，希望從開始就有正確的博弈觀念和作法，以求為民與利。故特將此間報載有關新聞附上，俾供參攷。

孫大公謹上

2009.03.23

很快的，各相關單位，包括總統府公共事務室、交通部觀光局賴瑟珍局長、行政院

秘書處、內政部江宜樺部長、交通部毛治國部長（均見附印公函），紛紛回函給孫大公先生。估且不論這些信對台灣的現在藍營執政者，推動博奕產業是否有了影響，非本文所能評量，惟從政治學領域觀察，有下列評價：

第一、領導階層與下層常民社會的「垂直流動」是暢通的。統治者能否反應（代表）民意？一般常民（庶民）觀感能否經由「垂直流動」流到上層執政者耳中？這個流動管道是暢通的，有著重要的地位。反之，垂直流動若因任何理由而阻絕，領導階層便可能高高在上的被「架空」了，這是天大的政治危機。

第二、民主社會是一種「參與」的政治社會，故有關國家重大公共政策，都須要讓人民有「參與感」，這不僅是人民心中的「感覺」，更是一

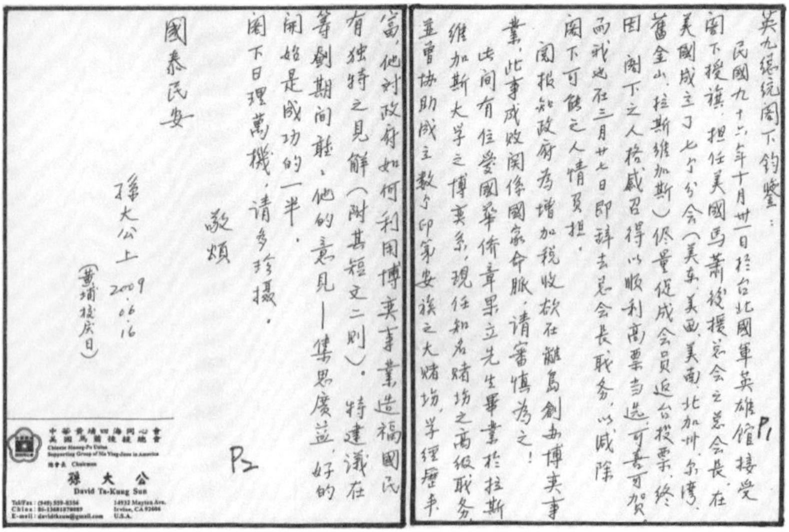
英九總統閣下鈞鑒：
民國九十六年十月廿一日於台北國軍英雄館接受
閣下授旗，擔任美國馬蕭後援總會之總會長，在
美國成立了七個分會（美東、美西、美南、北加州、尔灣、
舊金山、拉斯維加斯）儘量促成會員返台投票，終
因閣下之人格感召得以順利高票當選，可喜可賀。
而我也在三月廿七日即辭去總會長職務，以減除
閣下可能之人情負担。
閱報知政府為增加稅收欲在離島創辦博奕事
業，此事成敗関係國家命脈，請審慎為之！
此间有位愛國華僑章果立先生畢業於拉斯
維加斯大學之博奕系，現任知名賭場之高級職務，
並曾協助成立數個印第安族之大賭場，學經歷豐
富，他對政府如何利用博奕事業造福國民
有獨特之見解（附其短文二則）。特建議在
籌劃期間，能、他的意見一集思廣益，好的
開始是成功的一半。
閣下日理萬機，請多珍攝。
敬頌
國泰民安
孫大公上
2009.06.16
（黃埔校庆日）
P1 P2

中華黃埔四海同心會
美國馬英九後援總會
Chinese Huang-Pu Union
Supporting Group of Ma Ying-Jeou in America
總會長 Chairman
孫大公
David Ta-Kung Sun
Tel/Fax: (949) 559-8356
China: 86-13681878889
E-mail: davidtksun@gmail.com
14932 Mayten Ave.
Irvine, CA 92606
U.S.A.

種實際的參與過程．參與最大功能是維持政治系統（Politicol System）的安定、穩定，人民有管道可以表達對公共政策的意見，並得到領導階層的回應，自然可以形成參與感。

第三、象徵權力的謙卑。政治學上的名言，「權力使人腐化、絕對權力使人絕對腐化」，但權力爲何使人腐化？源頭就在掌握權力的統治階層開始變的傲慢、自大，開始不懂「謙卑」爲何物？惡化下去再「進步」，便是騎在人民頭上，爲所欲爲，貪污搞錢，再向前進步，便是政權的滅亡。

從孫大公先生寫信給馬政府各部門，大談他對台灣推動博奕產業的看法和努力一事，並進而觀察馬政府的反應，從以上三個標準（垂直流動、政治參與、權力謙卑），不論如何觀察和檢驗，就政治社會專業研究來論，爲馬政

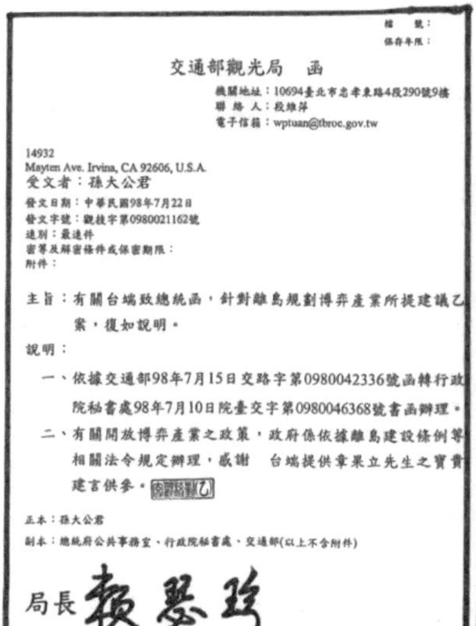

檔號：
保存年限：

交通部觀光局　函

機關地址：10694臺北市忠孝東路4段290號9樓
聯絡人：段維萍
電子信箱：wptuan@tbroc.gov.tw

14932
Mayten Ave. Irvina, CA 92606, U.S.A.
受文者：孫大公君

發文日期：中華民國98年7月22日
發文字號：觀技字第0980021162號
速別：最速件
密等及解密條件或保密期限：
附件：

主旨：有關台端致總統函，針對離島規劃博弈產業所提建議乙案，復如說明。

說明：

一、依據交通部98年7月15日交路字第0980042336號函轉行政院秘書處98年7月10日院臺交字第0980046368號書函辦理。

二、有關開放博弈產業之政策，政府係依據離島建設條例等相關法令規定辦理，感謝　台端提供章果立先生之寶貴建言供參。

正本：孫大公君
副本：總統府公共事務室、行政院秘書處、交通部(以上不含附件)

局長 賴瑟珍

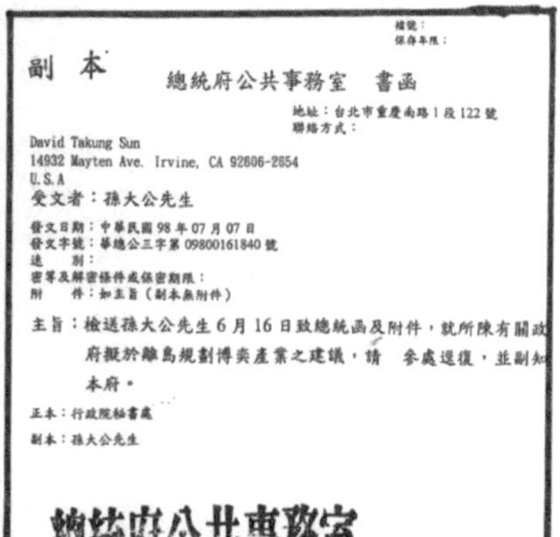

檔號：
保存年限：

副本

總統府公共事務室　書函

地址：台北市重慶南路1段122號
聯絡方式：

David Takung Sun
14932 Mayten Ave. Irvine, CA 92606-2654
U.S.A
受文者：孫大公先生

發文日期：中華民國98年07月07日
發文字號：華總公三字第09800161840號
速別：
密等及解密條件或保密期限：
附件：如主旨（副本無附件）

主旨：檢送孫大公先生6月16日致總統函及附件，就所陳有關政府擬於離島規劃博奕產業之建議，請　參處逕復，並副知本府。

正本：行政院秘書處
副本：孫大公先生

總統府公共事務室

府打一個「優等」，應是台灣多數人民可以接受（二〇一〇年六月）。馬政府的兩岸經濟合作架構協議（ECFA），以民進黨自行公佈的民意支持度，同意者也達七成，若國民黨公佈民意支持豈不更高？

吳敦義院長
澎湖縣長、議長 勛鑒：

報載政府有意在澎湖舉辦博弈活動，此事有利有弊，因此人民也有贊成和反對兩面。

因為「賭」之為害與「毒」相同，所以不辦也罷，如果非辦不可，則應將利益歸於人民，亦即賭坊由政府主辦（國有）招商經營（民營）。至於龐大之建築費用，美國多的是銀行願意貸款，我的一個親戚就替印地安原住民申請貸款蓋了好幾家大賭坊（從規劃到經營），可以問問他如何由政府白手舉辦？每年的鉅大盈餘，與其被賭博財團取去，何不留下來為人民造福？！

不知閣下以為然否？　耑此　敬頌

政躬康泰

孫大公謹上
2009-09-24

又及：附友人文兩篇

正本

行政院秘書處　函

地　址：10058 台北市忠孝東路1段1號
傳　真：(02)33566920

受文者：孫大公先生
發文日期：中華民國98年10月5日
發文字號：院臺秘字第0980063440號
速別：速件
密等及解密條件或保密期限：
附件：

主旨：台端本（98）年9月22日致本院吳院長函，業已轉陳知悉，並囑特函復謝，日後尚祈多賜支持指教。

正本：孫大公先生
副本：

行政院秘書處

古今以來有多少國家興亡？多少朝代政權更替起落？多少政治黨派生滅？然而，政權之所以得到人民支持，不過是前面那三項看似「簡單」的標準，實際上是政治社會的「準定律」。若違反了「準定律」，或許尚不至於在極短時間內發生「立即死亡」危險，但也「拖」不久，遲早要面臨「國家滅亡、政權崩潰」的命運，死的很難看，中外史例真是太多了。滿清末年、法國路易十六，乃至台灣獨派的八年陳水扁僞政權……

類似路易十六政權、台灣的獨派，都是一批政治貪婪者，對權力失去真誠和謙卑，人民對國家事務亦無參與機會，更無參與管道（垂直流動停止）。其統治基礎失去合法性，此類政權，不亡何待？

以上是我從孫大公先生與馬英九政府，一些書信公函往來，所解析政治興衰、政權興亡的道理。世間事看似變化萬端，仍有不變之真理；貪婪者和無恥政客看似高高在

副本

發文方式：郵寄

檔號：
保存年限：

內政部　函

機關地址：10017台北市中正區徐州路5號7樓
承辦人：林東德
電話：02-27666633
傳真：02-27480994
電子信箱：layte@mail.cib.gov.tw

David Takung Sun 14932 Mayten Ave Irvine，CA92606-2654 USA

受文者：孫大公君
發文日期：中華民國98年10月19日
發文字號：內授警字第0980193949號
速別：
密等及解密條件或保密期限：
附件：檢送原件1份

主旨：有關民眾孫大公君陳訴有關離島博弈事業，建議由政府主辦並招商，再由民間經營，俾將利益歸於人民1案，事屬　貴管，請　參處。

說明：依據行政院秘書處98年10月12日院臺建移字第0980064124號移文單辦理。

正本：交通部
副本：孫大公君、行政院秘書處、內政部部長室、警政署(秘書室、刑事警察局)

部長　江宜樺

依權責劃分規定授權業務主管決行

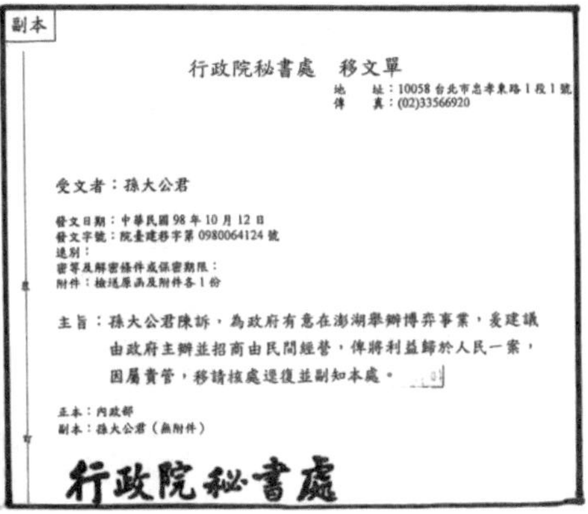
副本

行政院秘書處　移文單

地　址：10058台北市忠孝東路1段1號
傳　真：(02)33566920

受文者：孫大公君

發文日期：中華民國98年10月12日
發文字號：院臺建移字第0980064124號
速別：
密等及解密條件或保密期限：
附件：檢送原函及附件各1份

主旨：孫大公君陳訴，為政府有意在澎湖舉辦博弈事業，爰建議由政府主辦並招商由民間經營，俾將利益歸於人民一案，因屬貴管，移請核處逕復並副知本處。

正本：內政部
副本：孫大公君（無附件）

行政院秘書處

上，可以為所欲為，行家一看便知正在崩解潰散的邊緣上掙扎。這些信念在孫大公的函件中沒有說出來，我以研究者為他詮釋，為他補述，孫君所牽掛於中華民族者，所牽掛於廿一世的中國是一個統一、繁榮、富強的國家，難到不是前面我所談的三個標準嗎？

假若，廿一世紀的中國政治環境能合於前面三標準，何愁中國不富強、繁榮、統一呢？何愁所有分離主義思想（如藏獨、疆獨、台獨等毒素）不能「自動」清除呼？

世紀之輪來到二〇一〇年春，在三月廿五、廿八、卅一日，孫君有連續三封信給章果立先生（均如附印），第一封談到博奕事業的「國有」「民營」議題；第二封重提夢想中大獎能成立「孫氏文教基金會」，能復興中華民族固有文化四維八德的行動，以及寫信給有良心的富翁等事，結果都石沉大海。最後想和淨空法師見一面，孫君仍不斷的

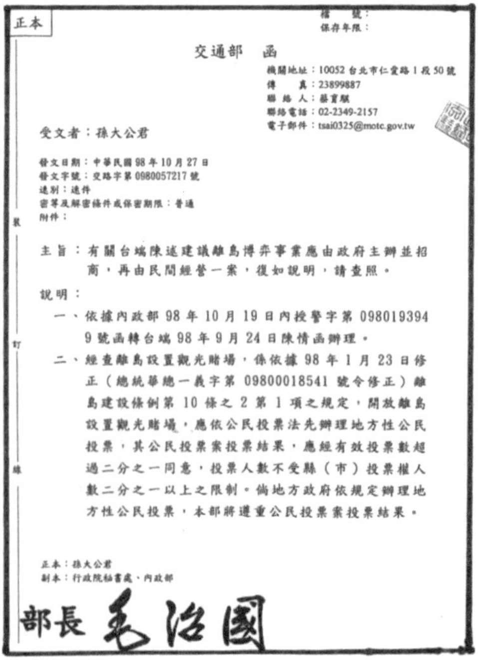

正本

檔號：
保存年限：

交通部 函

機關地址：10052台北市仁愛路1段50號
傳真：23899887
聯絡人：蔡寶麒
聯絡電話：02-2349-2157
電子郵件：tsai0325@motc.gov.tw

受文者：孫大公君

發文日期：中華民國98年10月27日
發文字號：交路字第0980057217號
速別：速件
密等及解密條件或保密期限：普通
附件：

主旨：有關台端陳述建議離島博弈事業應由政府主辦並招商，再由民間經營一案，復如說明，請查照。

說明：

一、依據內政部98年10月19日內授警字第0980193949號函轉台端98年9月24日陳情函辦理。

二、經查離島設置觀光賭場，係依據98年1月23日修正（總統華總一義字第09800018541號令修正）離島建設條例第10條之2第1項之規定，開放離島設置觀光賭場，應依公民投票法先辦理地方性公民投票，其公民投票案投票結果，應經有效投票數超過二分之一同意，投票人數不受縣（市）投票權人數二分之一以上之限制。倘地方政府依規定辦理地方性公民投票，本部將遵重公民投票案投票結果。

正本：孫大公君
副本：行政院秘書處、內政部

部長 毛治國

在找機會，盡管至今一個機會都沒有，也不代表明天沒有機會。這是「孫大公精神」，一生堅持的信念，不因成敗或無實踐機會，而使信念減損半分。

這種「孫大公精神」是甚麼？一種成功機會不大的信念他何苦堅持呢？或許行銷、直銷的商業界有句廣告詞可以詮釋：「有夢最美，夢想使人偉大。」

三國時代孔明的北伐政策、收回台灣後鄭成功的北伐大業、一九四九年後蔣公的反攻大陸政策，吾人以爲，以他們三人的政治智慧，應知實際的成功機會或完成大業的機會，已經沒了（不過是常識）！但他們仍堅持著統一大業的信念，堅持到最後一刻，生命即將結束，而信念仍無絲毫減損動搖。他們之所以成爲民族英雄，在中華

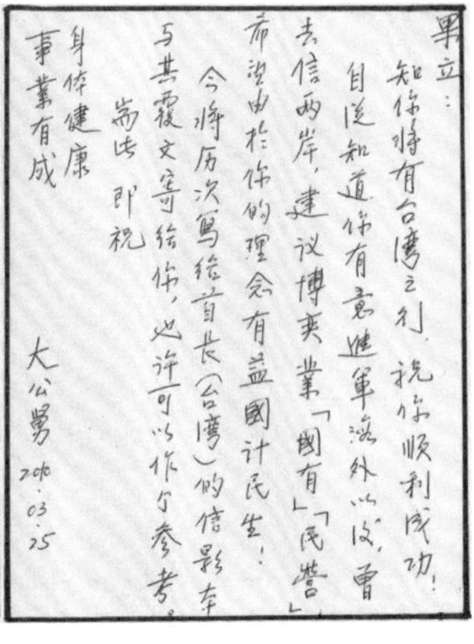
畢立：
知你將有台灣之行，祝你順利成功！
自從知道你有意進軍海外以後，曾去信兩岸，建議博奕業「國有」「民營」，希望由於你的理念有益國計民生！
今將历次寫給首長（台灣）的信影本与其霞文寄給你，也許可以作个参考。
耑此 即祝
身体健康
事業有成
大公舅
2010.03.25

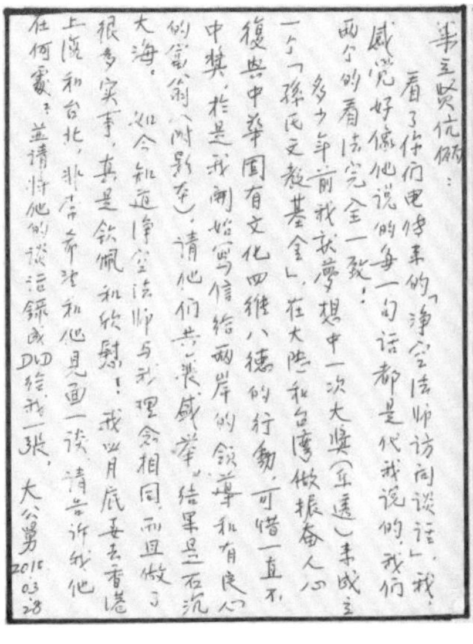
畢立賢伉俪：
看了你们电传来的「淨空法师访问谈话」，我感觉好像他说的每一句话都是代我说的，我们两个的看法完全一致！
多少年前我就夢想中一次大奬（樂透）来成立一个「孫氏文教基金」，在大陸和台灣做振奋人心復興中華固有文化四維八德的行動，可惜一直不中獎，於是我開始寫信給兩岸的領導和有良心的富翁（附影本），請他们共襄盛举，结果是石沉大海。
如今知道淨空法师与我理念相同，而且做了很多实事，真是欽佩和欣慰！我4月底要去香港上海和台北，非常希望和他見面一谈，請告诉我他在何處？並請將他的谈话錄成DVD給我一張，
大公舅
2010.03.28

民族春秋史上有著崇高的定位，不過是這點信念，而不是他們的事業成功否？（注意！孔明、鄭成功、蔣介石三人，最後的統一大業都沒有成功。）

於此，我反思「孫大公精神」，本書將出版之際、他也八十歲了，他的夢想還有多少實踐的機會？就算完全沒有機會，他所堅持的春秋思想，與孔、鄭、蔣三位民族英雄，其實同樣偉大，同樣千秋讓人懷念和感人。

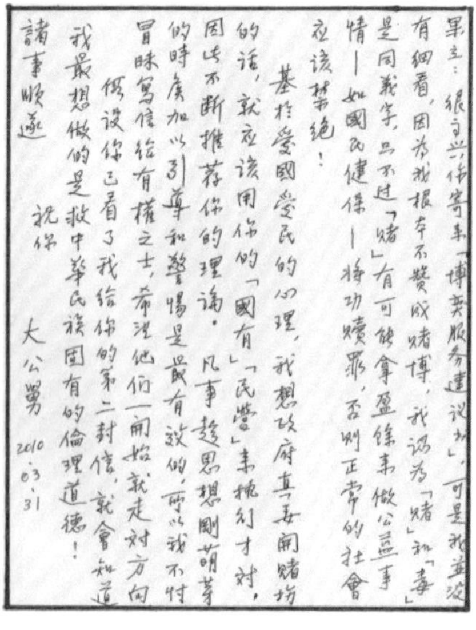
果立：很高興你寄來「博奕服務建設站」，可是我並沒有細看，因為我根本不贊成賭博，我認為「賭」和「毒」是同義字，只不過「賭」有可能拿盈餘來做公益事情－如國民健保－將功贖罪，否則正常的社會應該禁絕！

基於愛國愛民的心理，我想政府真要開賭坊的話，就應該用你的「國有」「民營」來規劃才對，因此不斷推荐你的理論。凡事趁思想剛萌芽的時候加以引導和警惕是最有效的，所以我不忖冒昧寫信給有權之士，希望他們一開始，就走對方向。

假設你已看了我給你的第二封信，就會知道我最想做的是救中華民族固有的倫理道德！

祝你
諸事順遂

大公舅
2010.03.31

第十七章 夢想著有一億元能夠……於是……

據聞「做夢」是人類這物種獨有的專利，地球上無數種類生物只有人類能做夢，科學家如是說。惟不知如何證明人類以外的生物不會做夢，估且相信學界說法。

但我想也是，只因人類會做夢，人人有夢，有的是夢想，有的是理想。小朋友從幼稚園開始就會說，長大要當老師、科學家、太空人……如現在美國服裝界當紅的吳季剛，五歲時就向媽媽說：「我長大一定要當服裝設計師。」而國內政壇上忽左忽右且一度走紅投機政客，如今已沈寂的許信良，他從小夢想當「大總統」。我想，路邊的流浪漢也該有他的夢想吧！

因此之故，所有生物只有人類有「文明」和「文化」這種東西。人不斷夢想著，用一生追尋、實踐，文明文化乃不斷積累、創新、進步。而那恐龍再厲害，猩猩多聰明，並未創造出人類所言之文明文化。

吾人觀察人類的夢想或理想，與年齡有直接關係。通常年青人夢想多，老年人夢想少或無，就算人老無夢，至少也還想著如何落葉歸根！或如何處理後事吧！

當我著手要研究孫大公這個角色，當然也要了解他的夢想，不論他有夢無夢，或如一般許多老人只剩「殘夢」。發現他的夢可能比年青時代更多，年青時只有單純的「從軍報國」一個夢，一個立即可以實踐的夢想，他毫無猶豫，毅然決然地投筆從戎。一個台北工專已畢業服完預官役，大好前程就在眼前（他習土木），卻來個一百八十度大逆轉，投向鳳山陸軍官校廿八期，從一年級入伍生起步出發，這要多大決心?拋棄眼前的美夢，擁抱未來不可知、不可測的夢，這是一個單純的夢。

到了現在，已接近八十歲的老人了，他的夢想

似乎更多（應該說他不斷在實踐的理想）。也想阻止日寇入常、揭發更多南京大屠殺真相、為兩岸肅貪防弊盡心力、寫信給馬英九、胡錦濤……成立「復興傳統文化基金會」、「倫理道德基金會」等。他心中想著一個個問題，然後，用他的方法就「開幹」了！

有一回孫君回台灣，我請謁一見，閒聊時先生說：「我每次都買幾張樂透，如果能中一億元，或少些也可以，馬上成立一個恢復傳統倫理道德的基金會，我看禮義廉恥快丟光了……」等云。

後來他給我的信也常提到，他真的心中盤算著這樣的事，而且真的用各種方法找錢，至今尚未找到有一億元可以實踐心中的春秋大業。

終於「機會」來了，美國金士頓公司創辦人之一的孫大衛先生，因與孫大公先生有相同的英文名字，有些孫大衛的信件竟寄到孫大公的府上。這是一九九六年間的事，

孫大衛先生大鑒：

由於我和你有相同的英文名字，所以有人把寄給你的信誤寄了給我，現在完璧歸趙（附上）。

從傳播媒体上知道你很為我們中國人——尤其是姓孫的中國人——揚眉吐氣。在這樣根深柢固的功利社會，拿出一億美元作獎金來回饋員工，這正是我最欣賞的地方，因為我以前在遠東財團做事時（附以前的名片），就是特別提出豐厚的獎金——當然不能和你的比——來獎勵員工。這是中國人飲水思源的美德。

在全美國都知道你慷慨仁慈地回饋員工之後，大家可能在想你会不会對這个造成你今天成就的美國社会有所回饋？我想以你的个性你是会願意的，可是用什么方法呢？如果也用分紅方法，那么把你全部盈餘拿出來，全美每人也只分到幾塊錢。我建議不如用成立基金会的方法，如此非但可以回饋美國，若有富餘亦可回饋同胞（台灣和大陸）。針对各地的能力和需要來作各种有利國家、有助人類的獎助計劃，這樣才是一个真正長遠妥善的愛心表現。祇要經營得當可以世世代代傳承下去。

我作了个簡表（附）供你參考，若你有興趣我們另約時間再談。

耑此　即頌

耶誕快樂

新年愉快

孫大公拜上

1996.12.23

P1

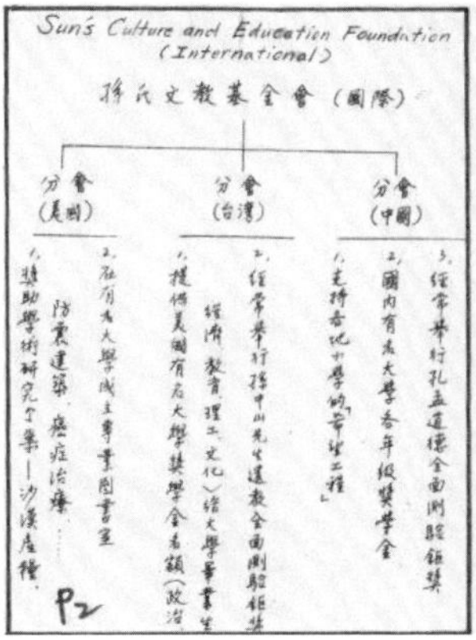

孫大公先生也從媒體報導中得知，孫大衛的一些簡要背景，知他是仁慈的大企業家，把盈餘拿出一億美金回饋給員工，媒體報導是孫姓中國人的光榮。

孫大公於是寫了一封信給孫大衛（如附陳），贊美孫大衛的義舉，進而遊說他成立一個基金會，孫大公甚至連基金會的組成架構、任務都幫忙擬好，就叫「孫氏文教基金會」。其中國分會支持各地小學的「希望工程」，辦理孔孟文化的宣揚等；而台灣分會要做孫中山遺教宣揚等。可以預知，他這封信出去可能石沈大海。

果然是，所以又隔了大約兩年，孫大公再給孫大衛寫一封信。大公先生可能想 到前信是否被當成「詐騙信」處理掉了，故無反應。這封信（如附陳）乾脆表明身份，「台灣陸軍總司令和

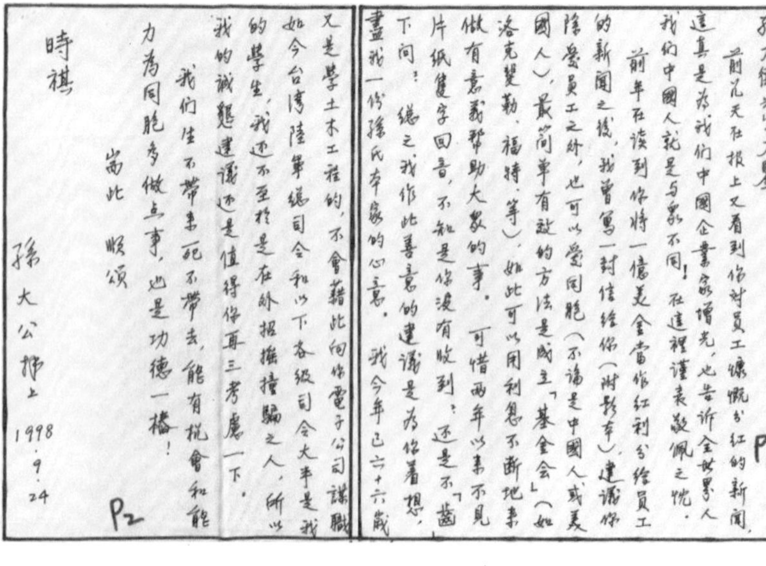
孫大衛先生大鑒：
前几天在报上又看到你对员工慷慨分红的新闻，這真是為我们中國企業家增光，也告訴全世界人我们中國人就是与众不同！在這裡謹表敬佩之忱。
前年在读到你将一億美金當作红利分给員工的新闻之後，我曾写一封信给你（附影本），建議你除分員工之外，也可以帮同胞（不論是中國人或美國人），最简单有效的方法是成立「基金会」（如洛克斐勒、福特、等），如此可以用利息不斷地来做有意義帮助大家的事。可惜兩年以来不見片纸隻字回音，不知是你没有收到：还是不「齒下问」：總之，我作此善意的建議是為你着想，盡我一份孫氏本家的心意。我今年已六十六歲又是學土木工程的，不會藉此向你電子公司謀職如今台湾陸軍總司令和以下各級司令大半是我的學生，我还不至於是在外招搖撞騙之人，所以我的誠懇建議还是值得你再三考慮一下。
我们生不帶来死不帶去，能有機會和能力為同胞多做点事，也是功德一樁！
耑此 順頌
時祺
孫大公 拜上
1998.9.24
P1 P2

以下各級司令大半是我的學生，我還不至於是在外招搖撞騙之人，所以我的誠懇建議還是値得你再三考慮一下。」信末不忘提示金錢生不帶來死不帶去，有機會和能力爲同胞多做點事，也是功德一樣。

十一年過去了，沒消沒息，表示孫大衛先生可能根本沒看到信，在秘書關卡就被丟進垃圾桶了；或看到，但根本不認同或認爲沒必要，連回函都是沒必要的，孫大公是誰？聞所未聞，也確實是。但這樣的挫折是否就熄滅孫大公先生夢想的火花呢？一點也不，他坐觀時局，尋找可以實踐夢想的機會。

二〇〇八年間，海內外媒體報導台灣第一首富郭台銘，要把他的總財產的九成，至少有一千多億台幣捐公益，這可是一筆天文數字，同時報導郭董和新婚妻曾馨瑩的喜事訊息。

孫大公先生審視情況，認爲機會又有了，適當

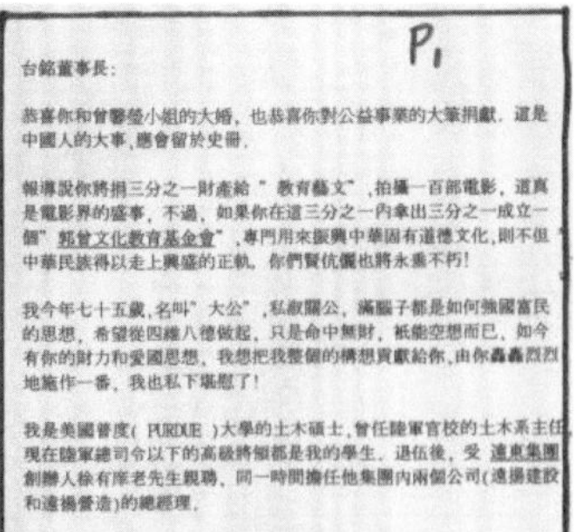
P1

台銘董事長:

恭喜你和曾馨瑩小姐的大婚，也恭喜你對公益事業的大筆捐獻，這是中國人的大事，應會留於史冊。

報導說你將捐三分之一財產給"教育藝文"，拍攝一百部電影，這真是電影界的盛事，不過，如果你在這三分之一內拿出三分之一成立一個"郭曾文化教育基金會"，專門用來振興中華固有道德文化，則不但中華民族得以走上興盛的正軌，你們賢伉儷也將永垂不朽！

我今年七十五歲，名叫"大公"，私淑關公，滿腦子都是如何強國富民的思想，希望從四維八德做起，只是命中無財，祇能空想而已，如今有你的財力和愛國思想，我想把我整個的構想貢獻給你，由你轟轟烈烈地施作一番，我也私下竊慰了！

我是美國普度（PURDUE）大學的土木碩士，曾任陸軍官校的土木系主任，現在陸軍總司令以下的高級將領都是我的學生，退伍後，受遠東集團創辦人徐有庠老先生親聘，同一時間擔任他集團內兩個公司（遠揚建設和遠揚營造）的總經理。

有錢人最怕別人打主意動他的錢，所以我附一篇我寫人和一篇人寫我的小文給你，證明我是正直可信之人，孫中山的信徒-----天下為公。

假如你有興趣聽聽我的構想的話，請告訴我你何時有空，我專程去向你面陳。

祝你們

婚姻美滿
健康快樂

孫大公 拜上　　2008-08-01

又及：我的地址，電話，email 如下：DAVID TAKUNG SUN
14811 MAYTEN AVE., IRVINE, CA 92606
TEL/FAX:(949)559-8356　EMAIL: tksun2010@gmail.com

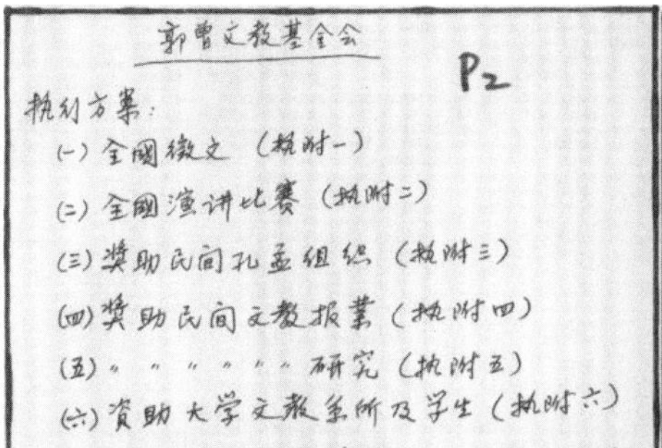
郭曾文教基金会　P2

执行方案:

(一) 全國徵文（执附一）
(二) 全國演讲比賽（执附二）
(三) 奬助民间孔孟组织（执附三）
(四) 奬助民间文教报業（执附四）
(五) 〃〃〃〃〃研究（执附五）
(六) 資助大学文教系所及学生（执附六）
(七) 創辦中國固有道德文化之雜誌（执附
(八) 〃〃〃〃〃〃〃〃〃書院（执附

（作者註：执附均略）

孫大公
DAVID TAKUNG SUN
14932 Mayten Ave.
Irvine, CA 92606 USA
Tel/Fax (949)559-8356　Email: davidtksun@gmail.c

的對象已浮現。立刻給郭董去了一封信，陳明事由並也擬訂了「郭曾文教基金會」（均如次），說明該會專門振興中華固有道德文化，使中華民族走上興盛的正軌。孫大公也自我表白一番，聲明自己滿腦子強國富民思想，只是自己命中無財，不能成就大業。今郭董有能力、有財力、有愛國思想，期待能捐錢做振興文化的大事業。信中孫君也表述自己的背景，獲取對方的信任。

那封信寄出後，結果也是可想而知，又沈入海底，但孫先生的心可沒沈入海底！大約隔了快兩年後，孫大公又給郭董去一信（筆者註：部份字影印不清，由筆者補寫，故有不同字跡。），信中指出所觀察到兩岸中國人的問題。認爲兩岸經濟起飛了，但精神日趨墮落，世界所看到的中國人是暴發戶和敗家子的形像，這是「亡國亡種」的趨勢，愛國的大企業家應該深思這個問題。

此處我想先詮釋孫大公先生所述，「世界所看到的中國人是暴發戶和敗家子的形像」，是否確實如是。假設吾人把這種形像定義爲「腐化」，那麼人世間只有三種國家制度（社會），可以在「理論」上完全不出現任何腐化的現象，一者如柏拉圖的「理想國」，二者完全共產主義社會，因此二種社會是假設人沒有私心和私財；第三種是如回教基本教義國家，人的思想完全宗教他、淨化過的一種修行生活。

我如此論說，無異告訴所有讀者，目前地球上大約有二百個國家，所有國家在他們的社會中「必然」出現腐化現象，但我們確實不能稱這二百國家都是「貪污腐化的國家」。惟爲何有的國家被稱「清廉度很高的國家」，而有的被稱「貪污腐化國家」？關鍵在經過經驗研究後，如何確立「個案」或「普遍」現象，進而評量出貪污腐化的「程度」。是故，我們把全世界所有國家，排出一個「貪污腐化程度表」（瑞士洛桑管理學院常做），從最清廉到最腐化，只是「程度」上的不同。

至於中國社會是否普遍存在如孫大公所言者，「暴發戶和敗家子的形像」及「亡國亡種」的趨勢，這恐怕也是「程度」上的問題。倭國社會研究家大前研一在他新著「低ＩＱ時代」（台北：商周出版，二〇〇九年十二月廿九日。）一書，在中倭兩國社

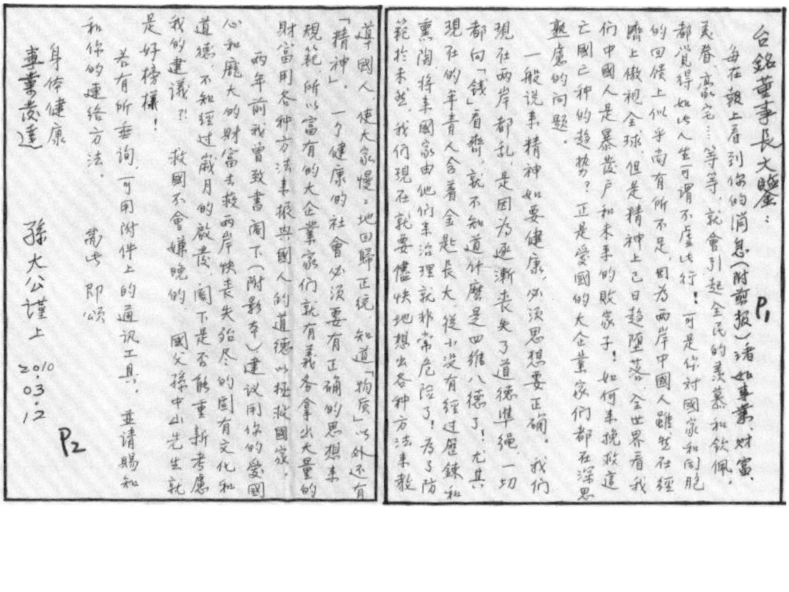
台銘董事長大鑒：
每在報上看到你的消息（附剪报）诸如事業、財富、美眷、豪宅……等等，就會引起全民的羨慕和欽佩，都覺得如此人生可謂不虛此行！可是你对國家和同胞的回饋上似乎尚有所不足，因為兩岸中國人雖然在經濟上傲視全球，但是精神上已日趨墮落，全世界看我們中國人是暴發戶和末手的敗家子！如何來挽救這亡國亡种的趨勢？正是愛國的大企業家們都在深思熟慮的問題。

一般說來精神如要健康，必須思想要正確。我們現在兩岸都亂，是因為逐漸丧失了道德準绳，一切都向「錢」看齊，就不知道什麼是四維八德了！尤其現在的年青人含着金匙長大，從小沒有經过歷鍊和熏陶，將來國家由他們來治理就非常危险了！為了防範於未然，我們現在就要儘快地想出各种方法來教導國人，使大家慢慢地回歸正统，知道「物质」以外还有「精神」。一个健康的社會必須要有正確的思想來規範，所以富有的大企業家們就有義务拿出大量的財富用各种方法來振興國人的道德以拯救國家。

兩年前我曾致書閣下（附影本）建议用你的愛國心和龐大的財富去救兩岸快丧失殆尽的固有文化和道德，不知经过歲月的啟發，閣下是否能重新考慮我的建議?! 救國不會嫌晚的 國父孫中山先生就是好榜樣！

若有所垂詢，可用附件上的通讯工具，並請賜知和你的連络方法。

肅此　即頌

身体健康

事業發達

孫大公謹上

2010.03.12

P1　P2

會集體智慧有如下描述：

如果再這樣下去，日本一定會變成葡萄牙。我們（倭國）現在所實行的不是民主政治（Democracy），而是蠢蛋政治（Idiocracy），或眾愚政治（Mobocracy）。政治走到這個地步，「低ＩＱ社會」總算是真正竣工了。

電視「搞笑」、「猜謎」節目洪水般，更大力促進低ＩＱ……日本人的智商就是在小泉執政時代大幅衰退的……遲早有一天日本人在亞洲，會淪為被其他亞洲國家差遣的人種，而且這一天就在不遠矣……

到中國讓我驚訝的是，所有的中國人民都具有強烈自我提升的企圖心。司馬遼太郎在「坂上之雲」中所描繪的那種狀態，現在就出現在中國了。簡單來說，中國人民人人都想「出人頭地」。

（中國）教育出來的人才也是世界通知……當我在中國看到……真是非常驚訝……

「中國學」早已是世界之顯學，讀者若走一回書店，有關中國的書籍真是汗牛充棟，滿山滿谷啊！我引大前研一看到的中國。並非要用來推翻孫大公的「亡國亡種」說。我

的動機要研究孫大公這樣說的用意，原來和「成龍」有關，就像父母期待子女成人中之龍鳳，每天「盯著」這孩子，不許偷懶、不許脫軌、不許「貪污腐化」等等……孫君如此「盯著中國」，有問題就投書有關方面，要求檢討改進，甚至從嚴批判，務必使其（中國）盡善盡美，使中國人真正、完全脫離十九、二十世紀的恥辱，在國際上受到敬重。

這當然是一個「應然」的期待，可謂兩岸及海內外所有中國人的共同期待。但身爲政治、社會之觀察研究者，我亦必須從「實然」問題，指出實況將會怎樣發展：

第一、政治發展（Political Development）過程中，通常先啓動經濟改革，使人民先富起來。突然湧來的錢，讓有些人產生暴發戶和敗家子情況，幾乎是必然的過程。英美國家如是，台灣亦如是。

第二、許多國家政治改革未成功，社會便可能永遠停在「腐化」狀態中，此即學術界常說的「菲律賓化」。這種狀況很多，中南美洲、東南亞、非洲等，使很多國永遠處於貧窮、貪污、腐化，不斷輪迴，永遠起不來。

第三、中國正在崛起，但改革過程出現很多「資本主義現象」，如貧富差距大、貪污腐化等，似乎也很難避免。因爲不論如何改革，中國絕不可能成爲「理想國」，那麼就只能期待貪污腐化這種事，控制在「點」（個案）的範圍內，而不會發展成「面」（普

遍）的現象。

但若要在中國之崛起中，成爲讓最多中國人（及各國人民）肅然起敬，讓廿一世紀成爲中國人的世紀，須要有更多像孫大公這樣的人，投入心力爲國家民族做出貢獻。然而，到本書出版之際，孫君仍未找到可以出資一億元的企業家，難到這個夢想，永遠是個夢想?!

第十八章 但悲不見九州「統」

——不忘國恥，反省這個時代

戲改陸放翁詩

之一

死去原知萬事空，但悲不見九州統；
英九當選總統日，家祭毋忘告乃翁。

之二

死去原知萬事空，但悲不見九州同；
阿扁送進大牢日，家祭毋忘告乃翁。

我讀近代與當代中國史，身感十九世紀的中國人是普遍的悲慘；二十世紀上半也多

是痛苦的，末葉開始感受有尊嚴，廿一世紀初開始，幾乎所有中國人都會對中國前途充滿希望。尤其二○○八年辦完奧運，中國人的民族自信心幾乎可說完全恢復，我們深信著廿一世紀是中國人的世紀。

就在吾國崛起之前夕，這小島上的風風雨雨，卻仍然撼動許多人的心弦。尤以像孫大公先生這樣的熱血男兒、愛國志士，更怎能不牽腸掛肚著兩岸關係？對島內阿扁僞政權的貪婪腐敗，明目張膽的洗錢。爲人民帶來的苦難，他怎能釋懷？怎能了無罣礙的去喝老人茶？前面兩帖「戲改陸放翁詩」，是孫君目前的心境。

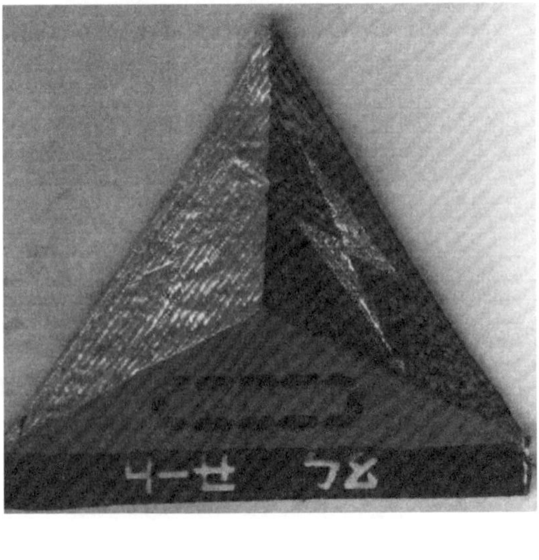

研究過程中，我意外發現孫大公和陸放翁（南宋．陸游）二人，思想上很多相同。陸游是歷史上有名的「愛國詩人」，當了不久的地方官便長期被罷官在家，但他對國家前途依然是憂慮牽掛的。他的示兒詩：「死去原知萬事空，但悲不見九州同，王師北定中原日，家祭毋忘告乃翁。」算是他的臨終遺命了。

再者，陸游除了是一位「愛國詩人」，也是一位可敬的軍人。他在二十歲時就寫詩道：「上馬擊狂胡，下馬草軍書」，他最想當的是軍人，四十多歲時，陸游終於成為一名軍官。

探究孫大公先生從年青時代，一路走來，所堅持的信念，不就是「上馬擊狂胡、下馬草軍書」。對待倭奴國的侵略者和島內的台獨異端，他走上第一線，提筆批判，帶頭號召正義力量；為追求國家統一、繁榮與強大，他草擬信函寄兩岸各領導階層，積極貢獻身為一個中國人的智慧。

陸、孫二人都牽掛國家統一問題，孫君則關心範圍更廣，他在二〇〇七年四月寫一封信給知名的信大師（如附印），勸說把我國「孟子」一書的王道思想，翻譯若干在美國發行。

那位大師卻回說，勸孫君多去享受南加州的陽

（信懷南）

信大師：

我是你的忠實讀者，每週日都急切地等待“世界週刊”的到來，第一篇文章就是看你的“坐看雲起時”.

多少年了，從你辛辣幽默的到現在穩重勸世的，篇篇都看，有時把心有戚戚焉的複印了寄給好友同賞．

我今年七十五歲了（大概和你是同世代的人），健康還能應付這快速變幻的世界，可是總有點時不我與之感，很想在被寵召之前留下點什麼．可是我才疏識淺，胡亂塗鴉祇是浪費紙張罷了．但是你不然，你學富五車，中英文皆了不得，如果肯寫點什麼或翻譯點什麼，一定會有益後世的．

我有個想法，不知你同不同意？就是當世強國力行“霸道”（可能只有兩百年歷史的美國根本不知道有“王道”），搞得全世界惶惶然不得安寧，如果有博學之士（如信大師）能把“孟子”中有關“行王道”之篇章譯成英文，廣為印刷（或上網）寄到美國大中小學或編印上市，讓老美知道“行王道”才能長久才能真正服人，而且中國幾千年來都信奉這樣的思想，絕不是威脅世界的人！這樣消干戈於無形，豈不是大善事一樁？！同時你也可留芳百世！不是嗎？

很想多向你請教，不知是否可賜知地址和電話/電傳？以便連絡．　即頌

撰安

弟　孫大公　拜上　2007-04-18

又及：

我的電話/電傳　（949）559-8356

地址　14932 MAYTEN AVE., IRVINE, CA 92606

信大师、（信懷南）

謝謝你立刻回我的伊媒兒，同時劝我多享受点南加州的陽光（也即少管点闲事），這对一个老者是很好的建議！

祇是這和我的个性不合，我总觉得做一个中國人就应在有生之年对中華民族有点贡献（或献言），所以几十年来我都是想到就做，不问该不该，对不对，别人的批评在所不计。

兹附上去年我寫的和别人寫的各一篇供作參考。　尚此　敬頌

撰安

弟　孫大公　拜上
2007.04.20

光，也即少管點閒事。孫君又回函稱，這和自己性格不合，我（孫君）總覺得做一個中國人就應在有生之年對中華民族有點貢獻（或獻言）。所以，幾十年來我都是想到就做，只問該不該？對不對？……這也就是作者要費心研究、彰顯孫大公這個人，其思想、行誼，足爲時代的春秋大義典型。

在孫君給同期（陸官廿八期）同學的一封信，「鈺如兄嫂」（如上），短短幾行如讀「文天祥正氣歌」，如讀「林覺民與妻絕別書」，都是動人心弦的。可謂讀這封「鈺如兄嫂」箋札，沒有一點感動，或一點「感覺」者，其人必非中國人，甚至連華人也不是。

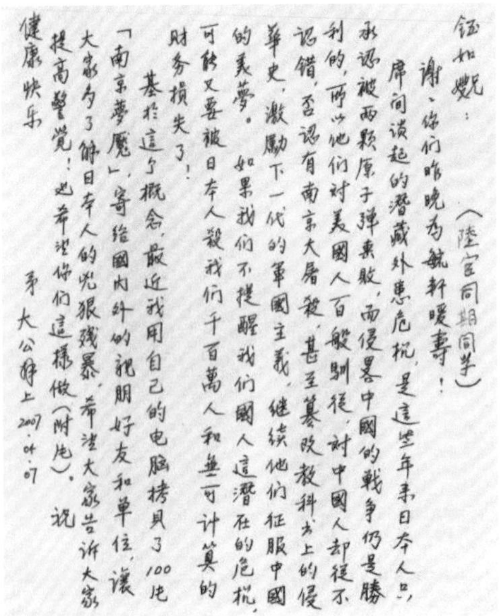
鈺如嫂：（陸官同期同學）
謝、你們昨晚為毓軒暖壽！
席間談起的潛藏外患危机，是這些年来日本人只承認被兩顆原子彈擊敗，而侵略中國的戰争仍是勝利的，所以他们对美國人百般馴從，对中國人却從不認錯，否認有南京大屠殺，甚至篡改教科书上的侵華史，激勵下一代的軍國主義，継续他们征服中國的美夢。如果我们不提醒我们國人這潛在的危机，可能又要被日本人殺我们千百萬人和無可计算的財务損失了！
基於這个概念，最近我用自己的电脑拷貝了100片「南京夢魘」，寄给國内外的親朋好友和单位，讓大家為了解日本人的兇狠残暴，希望大家告诉大家提高警觉！也希望你们這樣做（附片）。祝
健康快乐
弟 大公拜上 2007.04.07

席間談起的潛藏外患危機，是這些年來日本人只承認被兩顆原子彈擊敗，而侵略中國的戰爭仍是勝利的。所以他們對美國人百般馴從，對中國人卻從不認錯，否認有南京大屠殺，甚至篡改教科書上的侵華史，激勵下一代的軍國主義，繼續他們征服中國的美夢。如果我們不提醒我們國人這潛藏的危機，可能……

在寫給一位海軍官校畢業（可能同年班同學），「承恩兄」，孫君也談這個中華民族潛在的危機。於是孫君用自己的電腦拷貝了一百片「南京夢魘」，寄給國內外的親朋友好和單位，並希望大家告訴大家，提高警覺。

對於這個時代，對於自己的國家民族，乃至自己曾經矢志不移、堅定效忠的政府，孫大公依然存有「純度」最高的愛。但不表示他了無遺憾，看他給「承恩兄」那封信（也回應本書第一篇）：

至於你我那一代的人沒有被國家重用，說得自誇一點應是國家的損失，想想看我們的一代經過苦難和磨練，具有忠貞愛國的熱忱，做事負責努力，極具高度危機意識……豈是現代小子可比?!可是當我們初入社會時，當權者說：「嘴上無毛、做事不牢」，

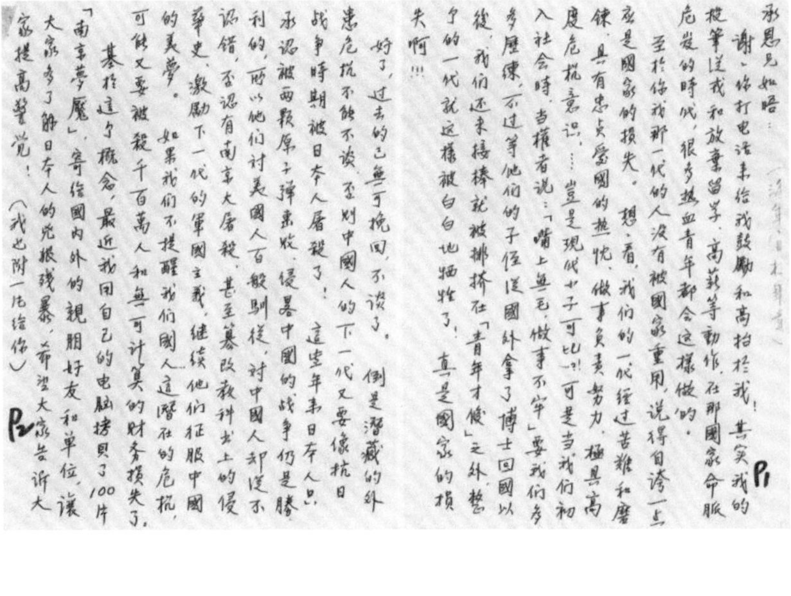

承恩兄如晤：

謝謝你打电話来给我鼓勵和高抬於我！其实我的棄筆從戎和放棄留学、高薪等動作，在那國家命脈危岌的時代，很多热血青年都会這樣做的。

至於你我那一代的人沒有被國家重用，説得自誇一点应是國家的損失。想想看，我们的一代經过苦難和磨練，具有忠貞愛國的热忱、做事负责努力，極具高度危機意识，……豈是現代小子可比?!可是当我们初入社会時，当權者説：「嘴上無毛，做事不牢」要我们多歷練，不过等他们的子侄從國外拿了博士回國以後，我们还来接棒就被排擠在「青年才俊」之外，整个的一代就这樣被白白地犠牲了！真是國家的損失啊!!!

P1

好了，过去的已無可挽回，不谈了。倒是潛藏的外患危机不能不谈，否则中國人的下一代又要像抗日战争時期被日本人屠殺了！這些年来日本人只承認被两顆原子彈患败，侵略中國的战争仍是勝利的，所以他们对美國人百般馴從，对中國人却從不認錯，否認有南京大屠殺，甚至篡改教科书上的侵華史，激勵下一代的軍國主義，继续他们征服中國的美夢。如果我们不提醒我们國人這潛在的危机，可能又要被殺千百萬人和無可計算的財务損失了。

基於這个概念，最近我用自己的电脑拷贝了100片「南京夢魘」，寄给國内外的親朋好友和單位，让大家多了解日本人的兇狠殘暴，希望大家告訴大家提高警觉！（我也附一片给你）

P2

要我們多多歷練。不過等他們的子侄從國外拿了博士回國以後，我們還未接棒就被排擠在「青年才俊」之外，整個的一代就這樣被白白地犧牲了！真是國家的損失啊!!!

「整個的一代就這樣被白白地犧牲了！」多麼沈痛的呼聲，相信也是孫大公沒能在軍職上好好揮灑，最深摯的「抱怨」和對他所處的時代，以及執政者的總檢討。

或許人世間確實是「月有陰晴圓缺」，萬事古難圓。但按我的研究，我這位書中的主角，他的一生揮灑的很自在，他爲中華民族多添一抹光彩，他足爲未來的中國人及他的子孫之典範。

現在的孫大公先生，不論多少歲數，他依然保持一生從未改變的，一種積極的思想和生活態度，書案旁的座右銘是他的「每日必讀」，逝者如斯、君子以自強不息。

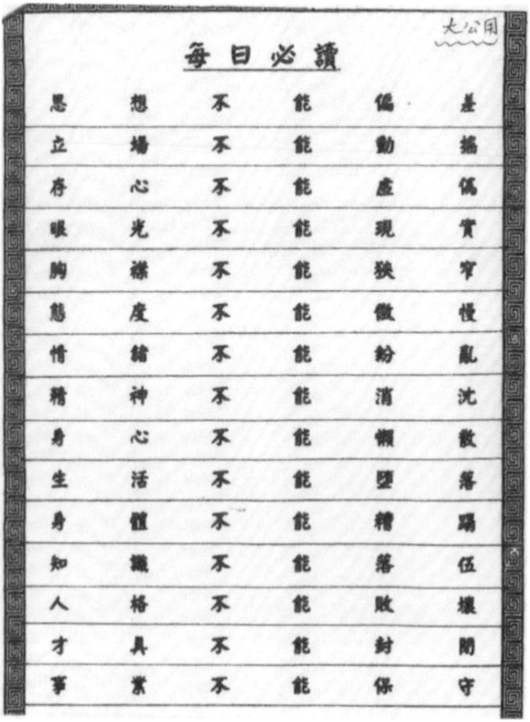
大公用

每日必讀

思	想	不	能	偏	差
立	場	不	能	動	搖
存	心	不	能	虛	偽
眼	光	不	能	現	實
胸	襟	不	能	狹	窄
態	度	不	能	傲	慢
情	緒	不	能	紛	亂
精	神	不	能	消	沈
身	心	不	能	懶	散
生	活	不	能	墮	落
身	體	不	能	糟	蹋
知	識	不	能	落	伍
人	格	不	能	敗	壞
才	具	不	能	封	閉
事	業	不	能	保	守

第十九章 往事只能回味

再回顧一些往事，一九五七年參加中國國民黨第八次全國代表大會在官校就讀二年級時，孫先生已身兼校內之三級（分、支、特種）黨部委員。十月份時被選爲基層代表參加由蔣中正總裁親自主持之「增添副總裁」重要會議，以及選舉新一屆中央委員等，可謂與有榮焉！已有專章講述，不再贅文。

與蔣孝文在陸官校之友誼

蔣孝文是蔣中正的長孫，蔣經國的長子，備受父、祖之寵愛。民國四十四年他考取新制（大學部四年）陸官校當新生，正巧與孫是同連同排同班之左右鄰兵。

他們父輩相識，而孫在讀杭州蕙蘭中學時，蔣在讀小學，也都住在西湖旁邊，相距不過百米遠。到台灣後孫先生台北工專畢業，再畢業於預備軍官訓練班第二期，然後再

投筆從戎進陸官校，所以才正好與蔣是正期二十八期的同學。

大家都以爲蔣身世顯赫，對他一定有特殊的優待，其實不然，他父、祖交代校方要磨其成鋼，而學長們又以能折磨他爲樂，因此他在校中吃盡苦頭。在這新環境中突來的磨難，使他有些受不了。

在孫和蔣朝夕相處中，孫儘量給他精神支援和授以機宜（一年預官班軍事訓練之心得），他總算在新生入學時的「魔鬼訓練」挺了過來。以後他認孫這個「大哥」，言聽計從，平時孫講些做人做事的道理給他聽，有時幫他補習功課或修正一下他寫給祖父母的中英文信稿，假日與他共同出遊。如此順利地過了一年，第二年他因勞累使鼻炎舊病復發，不得不退學求醫，離開了官校。

此後去美國讀書，回國就業，他們都有很密切的連絡。後來他遺傳的糖尿病嚴重發作不得不退出職場在家休養。每年到他生日時他都會請少數各部會與軍中熟悉的首長和孫在他家中慶生。有一次他當眾大聲告訴大家：「大公是我的真朋友，因爲他從來無求於我！」此話蔣是實情實說，可是也正確地道出了孫的爲人。

一九六三年起執教陸官校十年之救難任務

（一）擔任正期生之第十一連（編號後來改爲十四連）連長。發佈連長命令前原預定孫爲新生第二連之連長，但正式發佈時卻被張立夫校長臨時調爲老生第十一連之連長。當時該連是全校最差之連，非但軍紀最差，而且任何比賽都在榜尾。孫很不滿這樣調動的暗箱作業，有坑人之嫌，可是繼而一想，這也是考驗領道能力的機會，於是卯足全力，運用各種方法，在兩個月以內便奪得校慶比賽的雙料冠軍，而從此以後的比賽冠軍幾乎佔了大部份。

（二）擔任官校預備班教務主任

陸官校是四年制的大學教育（理學士），爲求提高學生之素質，特開辦預備班（亦即高中部）加強高中三年之課程。

此時預備班已開辦有年，但因素質提升有限於是張校長在孫先生整頓第十一連一年有成以後，即調他去整頓預備班的教務。

預備班的老師成份複雜，各有來頭，我行我素已成習慣，學生也乘機鑽隙，整個教務散漫一團。孫先生便從服務老師開始，使他們從到校、上課、以至離校時皆心情愉快，

慢慢地配合孫的各種教學要求，同時經常舉辦比賽及考核，一年後教學上了正軌，學生素質提高，已有正式高中規模。

（三）擔任預備班第二營之營長（第十三期學生）

當孫正將預備班的教務扶上正軌以後，有一天突然接到張校長緊急命令，要孫先生馬上去接第二營之營長職務，因爲第二營學生罷食。

第二營是高二學生，居然全體罷食，這在軍中是非常嚴重的問題，尤其怕在校園內產生骨牌效應。張校長雖明知剛扭轉教務，尚待鞏固基礎，也毅然派孫去接營長職務。

第二營在預備班三個學生營中也是吊車尾單位。就在孫接營長職務當晚，半夜校部來電要孫派人去接剛被巡察抓到的三個第二營學生，因爲他們半夜偷跑出校去小店吃東西。

整頓第一步首先親自督導改善學生的伙食，使大家樂於吃飯；同時也嚴整軍紀；提高學習情緒。在生活方面整理學生日常接觸之環境，尤其廁所之清潔和無臭味；每人都有足夠的水洗澡；晚上都能清靜安眠……等。漸漸地學生安定下來，就能作其他方面的發揮，在營際間的比賽也時常贏得第一，聲譽直上。他們升爲正期生以後是第四十四期，目前已是陸軍中之高層骨幹。

（四）擔任陸官校之土木系主任

陸官校是大學教育，其中有工學院、理學院、文學院，……等所屬之不同科系，如土木系、電機系、測繪系、機械系……物理系、化學系……英文系、國文系……等等，其上由「普通科學部」統一管理。所以老師是各系之專業教授，而學生是通才教育，亦即要學各系之基礎理論。

孫先生因在美國普度大學獲土木碩士學位,返國後一直在陸官校教授土木系課程(在任連營長職務時也有兼課），因此在擔任營長一年後，正巧土木系主任出缺，校長又把孫先生調去擔任系主任。

在官校各種不同的科系中，土木系不甚起眼，暮氣沉沉，但卻軍職教授人數較多，照說應該較文職教授人數較多的系活潑嚴肅，因此如何提振老師的士氣，如何推展生動的教學方法就又成了一個難題。

當初陸官校改爲四年大學制時是比照美國西點軍校之制度，其教授群是由深造後之軍職組成，這樣學生在操場上和課室內都可以養成軍事的肅穆氣氛。

一般的教育是「由內而外」，也就是思想貫通以後，外在的動作自會符合內在的思想，可是軍事教育要在短時間內訓練出一致的思想和動作，就只有「由外而內」才可速

成。於是，從教授們的服裝儀容開始，然後教學準備、教學態度、進度控制、實驗到位，教學考核等等陸續實施，不久學生們對土木課程有了興趣，對老師有了尊敬，土木系就又活躍在陸官校了。

孫君在陸官校教書的十年中給學生的印象是「嚴」，一般認爲是最兇的老師，各期同學對「孫營長、孫老師」都敬畏有加，可是實際上只要同學們按照校規去做，不犯錯，也自有輕鬆的一面。他常和學生們說，在這裡是「好人的天堂，壞人的地獄」。黑白分明，學生們反而容易遵行，士氣和紀律也自會提高。等他們進入社會以後，發覺孫先生以前的嚴格對他們有實質的好處，因此他想不到現在竟成了很多老部下親近的對象。

孫先生屢次返台時，同學們如果知道了，會自動集合起來請他吃飯和共聚，大家如兄如弟開心得很，甚至已身爲上將參謀長或國防部長也會如此辦理，使孫先生感覺只要正道做事和誠心對人，日久自會見人心的!!!

跋記：綴輯零落的回憶

——緣起孫營長

自從民國六十年（一九七一）八月，我從陸官預備班十三期畢業，進入正期學生班第四十四期，在我的記憶中，似乎再未見過孫大公營長。但這樣說，仍是很朦朧的，存著太多「灰色空間」的，因爲當時他仍任教於陸官，以他「革命軍人典型」的形象，他必然是校園中的「公眾人物」！

另一個原因，是我和老長官在官校那段歲月，並未私下見過面（被招見），畢竟營長和一個十五、六歲的學兵，距離是很遙遠的。學生大約只有兩種情況有見到營長的機會，其一是表現（或成績）極好，營長招見勉勵；再者就是犯了大錯，營長招見訓斥（警告等）。而我永遠不會屬於這兩類的學生。

所以，可以這麼說，學生時代孫營長並不認我，按當時「知兵識兵」的規定，營長

只要熟識全營排長以上幹部；反之，當時在校的各期學生（預備班、正期班、專修班），數千學生聞「孫大公」之名，真是如雷貫耳，若有學生未聞「孫大公」三字，必是他混的過頭了，必遭側目！對於這樣一位革命軍人的忠貞典型，他是我們所有軍校生永遠的標竿。

人生如白駒過隙，世事如白雲蒼狗，那些似乎才不久前的事，隨著年歲越長而回憶越多。大約五年多前，我寫一短文（如下），回憶學生時代那些零落的舊夢，疏發身爲「黃埔人」的一些感想：

抗戰勝利六十周年、陸官四十四期畢業三十周年慶

——兼寄語兩岸黃埔人共為國家統一而努力

九十四年是「七七抗戰」勝利、日本投降六十周年，正好也是我期（陸官四十四期，六十四年班）畢業三十周年。多麼有意義的日子，又是多麼巧合。抗日聖戰時，正是我父祖輩的黃埔老大哥，在戰場上流血流汗，經歷慘重犧牲，才換得的一個民族尊嚴與光榮勝利的日子。而斯時，我期同學都尚未出生（本期同學中最年長的出生於民國三十七年），為何兩者並提？非在自己臉上貼金也，而是與有榮焉，偉哉！我黃埔老大哥們，

他們用生命鮮血為中華炎黃立下千秋典範。我期畢業三十周年，也是感慨萬千。

以上看似兩件事，實則是一件事。六十年前的黃埔老大哥們欲血沙場，及我期同學自民國六十四年畢業後，紛紛在金馬臺澎及海內外各工作崗位服務，韶光易逝，匆匆又已過了三十年。算一算，在八年抗戰之前，民國十三年黃埔軍校成立後，老校長蔣公就率領著黃埔子弟，東征北伐，與日軍就開始有小規模戰爭。近來，年已過半百，髮已半白的我，常在想，這將近百年間，我們黃埔人「祖、父、子、孫」四代在做甚麼？我們四代人以「接力賽」的精神，一代接一代的，前僕後繼，視死如歸，午夜思之，我領悟到，四代人做的是「一件事」。

那「一件事」？一言以蔽之，日「抵抗外患，民族復興，國家統一」。這是多麼簡單清楚的真理！又是多麼崇高神聖的歷史任務！因而，值得一代一代的黃埔人率領著一代一代的中華兒女，無怨無悔的努力下去，這「一件事」未完成，那一個黃埔人能放的下一顆心。但畢竟，人生短暫，而民族復興與國家統一大業，常是百年或更長久的一個漸進過程，不管先後期黃埔人，我們只要一生堅持黃埔信念，身體力行，不分流血或流汗，也不分成功或成仁，當更不分軍階的高下，在春秋大義面前，也都無愧于心，也就放心了。

「抗戰勝利六十周年」，若干日本右派和台灣獨派相勾結，說成「終戰」，企圖引導視聽，讓一些不明就裏的現代人物以為中日戰爭已經「終了」、「遠去」，已經是「過去式」了，可以「忘記」了。果而我們真的「全都忘記了」，便是中了日本鬼子和台灣獨派的「毒」，「漠視歷史的人，終將成為另一次的受害者。」（引天下文化出版，張純如著，蕭富元譯，《被遺忘的大屠殺》，高希均先生出版著的話。）諾貝爾和平獎得主維厄瑟爾，曾提出警口說：「遺忘大屠殺，就是二次屠殺。」是故，若我們全都忘了，不僅有被「再遭屠殺」的可能，民族復興與國家統一可能也受到威脅，前述歷史任務豈不成了「永久的夢」！？

所幸，兩岸黃埔人及絕大多數中華兒女並未忘記，你看！二〇〇五年的中國反日大遊行，風起雲湧，中國人民如黃河之澎湃，如長江之漫天，如五岳之嶄岩頂立，中國民族主義再一次展示與詮釋在世人面前，中國要復興，真是「山都擋下住」。在這場反日大遊行中，台灣地區的黃埔人和中華兒女雖有一海之隔，與大陸黃埔人和中華兒女們，其實是心連心同一陣線的（少數不認自己是中國人，不認自己的祖宗的人也就是例外了。）

說起兩岸黃埔人，我再寄語數言，早年兩岸黃埔人曾在戰場上殺得你死我活，也各自寫下驚天動地的史章，也許那是追求民族復興和國家統一過程中，使用了「不同手段」

的結果，而其目標則一。歷史發展常出人意料，目前的兩岸情勢，在中國之興起與美帝之衰落。「反分裂國家法」制訂完成、連宋訪問大陸完成政黨和解及島內執政者承認了「台獨是自欺欺人」論述等，以產生「結構性變化」，即已開始向統一之路傾斜前進。就在這國家統一之前夕，兩岸黃埔人務必同心發揮力量，縱使是「一根稻草」的重量，也與春秋大義等值。

為發揮「一根稻草」的力量，筆者和一群朋友成立《華夏春秋》雜誌社，一方面希望在國家統一前夕不要缺席，發揮一點文化力量。再者，身為「陸軍官校四十四期」的一員，在戎馬三十年後，「告老返鄉」之際，再發揮一點力量，也算我期對國家民族的貢獻。

四十四期同學畢業時六百人（內含預備班十三期、士校和聯招），目前只剩十餘將級在崗位上，退休有先後，軍階有高低，但吾等所思所言所行，在春秋大義面前等值也，同是民族復興與國家統一之戰士。未了，願母校校運倡盛，兩岸黃埔人健康如意。（本文照片均先刊於陸軍官校校友會訊，第四十二期，九十五年元月。）

本文於二〇一〇年十月八日，再轉刊山西芮城「鳳梅人」報

就是這篇文章，把蟄潛心中四十年前的老長官引了出來。因爲文中提到「預備班十三期」，老長官多麼念舊！他想著四十多年前他帶過的「小蘿蔔頭」，其實這時我期同學大多已解甲歸田了。

老長官從太平洋彼岸看到陸官「校友會訊」第四十二期（民95年元月），或許我這篇文章也正好寫中了老營長的心思，他輾轉連繫上我這位最不長進的學生。約民國九十五年初（或九十四年底），我和老長官在台北天成飯店終於完成有生以來的第一次會面。那種感覺，真是說不上來的好，就像「粉絲」（Fans）終於看到心中的偶像，是一種意外，是一種驚奇！

也許身爲作家的「本能衝動」，我開始「挖」老長官的「金礦」，運用他給我的「原料」，最後輯成了本書。

再者，一個四十四期的小小小老弟，有機會不因在職公務或有所求，而和一個二十八期的老老大哥，尤其這樣「明星級」的老大哥碰上一面，我視爲「良緣」，視爲無尙之榮譽。

九十五年四月間，我們心中永遠的「孫營長」，從美國回台。我連繫老同學於二十三日在天成飯店和老營長歡聚。

二〇〇七年十月二日，老營長回台，我們又有數十同學在國軍英雄館和老營長歡聚。（均如照片）

老長官當我們營長的時間，記憶中似乎不太長，一年多吧！但他會成爲學生們「永遠的典型」，是因爲他具有「革命軍人忠貞典範」的形象，更是留美的第一位碩士營長。當然還有他很特殊的背景，台北工專畢業，服完預官再重讀軍校二十八期。

像這樣的文武兼備之革命青年，理應在國軍陣營伸展其志向抱負，但終究投筆從戎的理想沒有達成，我一再思索著主角孫大公先生

孫大公（中間西裝者）和他的子弟兵們，二〇〇七年十月二日，攝於台北國軍英雄館。前排左起：桑鴻文、韓敬樾、陳福成（本書作者）、虞義輝、孫大公、石忠勝、周至聖、周小強夫婦。後站左起：陳馨、□□□、王忠義、薛立君、趙保晨、李龍儀、解定國、周定遠、朱湯榮、江文、陳家祥、□□□、張克難、汪紹南、盧志德、陸瑜、張哲豪、梁又平。

寫給那位「承恩兄」（十八章）信中的幾句話：

至於你我那一代的人沒有被國家重用，說得自誇一點應是國家的損失。想想看，我們的一代經過苦難和磨練，具有忠貞愛國的熱忱，做事負責努力，極具高度危機意識……豈是現代小子可比?!可是當我們初入社會時，當權者說：「嘴上無毛，做事不牢」要我們多多磨練。不過等他們的子侄從國外拿了博士回國以後，我們還未接棒就被排擠在「青年才俊」之外，整個的一代就這樣被白白地犧牲了!真是國家的損失啊!!!

遺憾啊!遺憾。早幾年我還會氣的跳腳、痛批。但大約五十歲左右，我想通（悟了）其中的道理，人生有些遺憾是對的，孔明堅持的北伐大業、鄭成功的反清復明，乃至先總統　蔣公的反攻大陸政策，他們一生堅持的志業竟都沒有完成。換言之，理想都成空夢一場，但何曾動搖他們在歷史上成爲英雄聖賢之地位?反而更堅定的，幾乎「神格化」他們的歷史定位?

爲何?就是那一點對中華民族的大愛，對追求國家統一的信念，他們這樣的信念爲中華民族點起一盞明燈；而孫大公也以這樣的信念，爲中華民族再添一抹光彩。

本書作者著編譯作品目錄

	（性質）	（定價）
幼獅文化出版公司		
①國家安全與情治機關的弔詭		200 元
大人物出版公司		
②決戰閏八月：中共武力犯台研究		250 元
③防衛大台灣：台海安全與三軍戰略大佈局		350 元
④非常傳銷學（合著）	直銷教材	250 元
黎明文化出版公司		
⑤孫子實戰經驗研究	兵法研究	290 元
⑥解開兩岸十大弔詭	兩岸解謎	280 元
⑦大陸政策與兩岸關係	政治研究	280 元
慧明出版社		
⑧從地獄歸來：愛倫坡（Edgar Allan Poe）小說選		200 元
⑨尋找一座山：陳福成創作集	現代詩	260 元
全華出版社		
⑩軍事研究概論（合著）		250 元
龍騰出版社		
⑪一⑭國防通識（著編）	高中職學生課本	部頒教科書
⑮一⑱國防通識（著編）	高中職教師用書	部頒教科書
時英出版社		
⑲五十不惑：一個軍校生的半生塵影	回憶錄	300 元
⑳國家安全與戰略關係	戰略・國安	300 元
中國學四部曲：		
㉑首部曲：中國歷代戰爭新詮	戰爭研究	350 元
㉒二部曲：中國政治思想新詮	思想研究	400 元
㉓三部曲：中國四大兵法家新詮（孫子、吳起、孫臏、孔明）		350 元
㉔四部曲：中國近代黨派發展研究新詮		350 元
㉕春秋記實	現代詩	250 元
㉖歷史上的三把利刃	歷史研究	250 元
㉗國家安全論壇	學術研究	350 元
㉘性情世界：陳福成詩選	現代詩	300 元
㉙新領導與管理實務：新叢林時代領袖群倫的政治智慧		350 元
秀威出版社		
㉚赤縣行腳・神州心旅	現代詩・傳統詩	260 元
㉛八方風雨・性情世界	詩・文・評	300 元
㉜男人和女人的情話真話	人生真言・小品	250 元
文史哲出版社		
㉝一個軍校生的台大閒情	詩・小品・啟蒙	280 元

國家圖書館出版品預行編目資料

我所知道的孫大公：黃埔二十八期孫大公研究 / 陳福成著 -- 初版 -- 臺北市：文史哲,民 100.04
頁; 公分（文學叢刊；247）
ISBN 978-957-549-961-7（平裝）

1. 孫大公 2.臺灣傳記

783.3886　　100005822

文學叢刊 247

我所知道的孫大公

— 黃埔二十八期孫大公研究

著者：陳福成
出版者：文史哲出版社
http:// www.lapen.com.tw
e-mail：lapen@ms74.hinet.net
登記證字號：行政院新聞局版臺業字五三三七號
發行人：彭正雄
發行所：文史哲出版社
印刷者：文史哲出版社
臺北市羅斯福路一段七十二巷四號
郵政劃撥帳號：一六一八〇一七五
電話886-2-23511028 ・ 傳真886-2-23965656

定價新臺幣三二〇元

中華民國一百年（2011）四月初版

ISBN 978-957-549-961-7　　08247